하루 10분,
글쓰기가
쉬워지는
신문 필사

하루 10분, 글쓰기가 쉬워지는 신문 필사

조선일보 CS본부 엮음

차례

프롤로그
하루 10분, 신문 글을 따라 써보세요 010

시대가 지나도 변하지 않는 글쓰기의 중요성 012
　신입생들 문해력 매년 떨어져… 서울대 글쓰기 시험 의무화
　하버드대 졸업생 1,600명 중 90% 이상
　"현재 직장에서 글쓰기 능력이 제일 중요하다"

문장 잘 쓰는 법 & 글 잘 쓰는 법 018

PART 1
단문 따라 쓰기 좋은 문장을 위한 첫걸음

001~012　마음을 움직이는 한 문장　024
　　　　　명언과 짧고 강렬한 문장 필사로 감각 키우기

013~025　글의 핵심을 압축한 문장　050
　　　　　2~3문장으로 핵심을 간결하게 전하는 법

Story 1
"글 써봐야 안다, 내가 뭘 알고 모르는지… 여기서 창의성 출발"　077

PART 2
사진기사 따라 쓰기 '보는 글'을 위한 핵심 익히기

사건이 담긴 장면
보이는 정보를 생생한 언어로

026	개교 140주년, 파랗게 채운 연세대 축제	084
027	주식회사 대한민국 '함박웃음'	086
028	1998년 거제 조선소 찾은 트럼프 부자	088
029	사라져가는 달… 개기월식 우주쇼	090
030	화재에 지붕 녹아내린 이천 물류센터	092
031	22년 전 대구의 교훈, 서울 지하철 참사 막았다	094
032	지구 사진 '블루 마블' 촬영 50년 후	096
033	어느 나라 대학일까?… 여기는 대한민국	098
034	인천공항 '유심 교체' 북새통	100

일상의 특별한 순간
이미지와 텍스트의 조화로 시각적인 글 구성하기

035	한국판 타임스퀘어 만든다, 첫발 뗀 '광화문스퀘어'	102
036	조선시대 화가 옷 입고 찰칵	104
037	해무·바다·마천루가 빚은 해운대의 장관	106
038	40년 된 가락시장의 뒤늦은 변신	108
039	부산 밤바다 수놓은 불꽃	110
040	벌써 산타가 왔어요	112
041	21세기 '왕의 서고' 열렸다	114
042	몰디브에서 모히토?	116

043	광화문광장에서 딱지맨과 딱지치기 대결	118
044	올림픽대로 '도로 위 미술관'	120
045	미래 향한 발차기… 특수부대 입시 학원 등장	122
046	외국인 몰리는 '라면 도서관'	124

Story 2
전교생이 필사에 빠져… "글짓기 하면 합천여중" 125명이 상 탔다   126

PART 3
중문 따라 쓰기   논리적 글쓰기의 기본 배우기

글을 흥미롭게 시작하는 방법
주제를 제시하며 독자의 관심을 끌어내기

047	日 내수 부양시킨 韓 임시 공휴일	134
048	대담한 'IMF 영웅' 박세리	136
049	서구 트렌드 '미스터리 여행'	138
050	'밀가루 혁명'의 도시 대전… 칼국수 왕중왕은?	140
051	분리 배출 스트레스	142
052	목욕탕을 통째로 빌린다고? '1인 세신숍' 인기	144
053	아침 7시, 카페가 클럽 됐다	146
054	옷 한 장 살 돈으로 세계 빈곤 구할 수 있다	148
055	없어서 못 먹는 일본산 말차	150
056	고령자들, 20년 이상 보유 아파트 팔기 시작했다	152

057	"북어야, 손님들 쓰린 속 풀어드리자"	154
058	교황의 묘비명	156
059	안 가본 데 꽂힌 여행객	158
060	미국·영국 정치인은 양말로 '외교'	160

논리적으로 생각을 정리하기
생각의 흐름을 조리 있게 전하는 법

061	우주에서 생선 양식	164
062	"부자로 죽는 것은 불명예"	166
063	450년 전 과학자가 알려준 2032년 소행성 충돌 위험	168
064	골프도 매 홀 다시 시작한다	170
065	고무장갑은 재활용? 종량제봉투에 버리세요	172
066	빨리빨리에 지친 마음… '다도'로 다독이는 2030	174
067	오피스 피터팬	176
068	한국인·일본인	178
069	온라인 '텍스트힙' 열풍	180
070	세상살이 힘들어서… '순한 맛' 또 어디 없수?	182
071	패션업계 'AI 모델' 대세로	184
072	이번엔 일본이 폭싹 속아주길	186
073	'하루 6g 식이섬유'가 100세 장수 불러온다	188

글을 효과적으로 마무리하기
흐름을 정리하며 설득력을 높이는 끝맺음

074	램프를 탈출한 요정, AI	192
075	'K팝 퇴마'에 현혹된다	194

076	"전쟁하는 세상에 평화를"… 교황 선종	196
077	'AI 대체 불가' 블루칼라로 몰리는 MZ	198
078	거품 빠지는 '컴공'	200
079	'아저씨들은 죄가 없습니다'	202
080	"머스크가 빈자 목숨 빼앗으려 해… 기부 앞당길 것"	204
081	시력을 잃고 송승환이 선택한 길	206
082	청소년 28%가 영양 부족	208
083	"망자 불편하게 하지 말라"… 핵심은 간결함	210
084	작년 해외 관광 2,800만 명	212
085	큰 힘엔 큰 책임이… 기축통화국 미국은 글로벌 역할 다해야	214

Story 3
필사의 추억   216
글쓴이 마음속으로 들어가 보는 가장 느리고도 능동적인 독서법

PART 4
장문 따라 쓰기   다양한 글쓰기 스타일로 확장하기

설명하는 글쓰기
사건·경제·과학 기사로 정보 중심 글쓰기 연습

086	1센트 동전 더 안 만듭니다	224
087	부활절의 상징물은 왜 토끼와 계란일까	228
088	무엇이 청년 트럼프를 변하게 했나	232

| 089 | 시각장애인 '눈'이 되어줄 AI 스마트 안경 나왔다 | 236 |
| 090 | 왼쪽으로 누워 자야 하는 이유 | 240 |

주장하는 글쓰기
칼럼·사설·역사 기사로 논리 전개와 관점 제시 훈련

091	의대 말고 공대를 가게 하려면	246
092	돈 없이 오래 사는 건 재앙… '우물형 자산'부터 만들어라	250
093	한국형 '1,000시 계획' 같은 특단 대책 필요하다	254
094	수익률 세계 1위 연금 되려면	258
095	고수는 아플수록 복기한다	262

묘사하는 글쓰기
인터뷰·르포·문화 기사로 현장감 있는 서술 훈련

096	다시 풀코스 달리는 황영조의 러닝 강습	270
097	왕도 손댈 수 없는 기록… '쓰지 말라'는 말까지 적었죠	274
098	'뽀빠이'와 송해	278
099	냉탕 옆에서 삼겹살? 등 안 밀어도 시원하네~	282
100	'그랜드슬램' 달성한 로이 매킬로이 우승 소감	286

Story 4
글쓰기란 곧 다시 쓰기　　　　　　　　　　　　　　292

부록
틀리기 쉬운 우리말　　　　　　　　　　　　　　296

(프롤로그)

하루 10분,
신문 글을 따라 써보세요

흔히 '문자의 시대'가 저물고 '영상의 시대'가 왔다고들 말합니다.

버스를 기다리는 사람도, 지하철을 이용하는 승객도 휴대전화 속 영상에 몰두하는 모습이 익숙해졌지요.

그러나 세대마다 이유는 다르지만, 글쓰기의 필요성은 여전히 유효하다는 의견이 많습니다.

학생들은 긴 지문과 서술형 답변에 익숙해져야 하고, 직장인들은 보고서와 발표 자료로 평가받습니다.

블로그와 SNS에서 더 흥미로운 글을 쓰고 싶은 사람도, 두뇌 훈련이 필요한 은퇴자도 모두 글쓰기의 중요성을 체감합니다.

그렇다면, 글을 잘 쓰는 비결은 무엇일까요?

부자가 되려면 부자의 습관을, 운동을 잘하려면 선수의 폼을 따라 하듯, 글쓰기도 마찬가지입니다.

좋은 글을 자주 따라 쓰는 것, 그것이 핵심입니다.

신문에는 주장을 펼치고, 정보를 설명하고, 감정을 어루만지는 다양한 글들이 가득합니다.

하루 10분, 신문 글을 따라 써보세요.

이 책은 짧은 문장부터 한두 문단, 장문까지 단계적으로 따라 쓸 수 있게 구성했습니다.

꾸준히 쓰다 보면 글쓰기 근육이 생기고, 자신감도 붙을 것입니다.

덤으로 얻는 마음의 안정과 생활 속 지혜는 글쓰기의 또 다른 선물입니다.

_여원주

◦시대가 지나도 변하지 않는 글쓰기의 중요성

문학 리포트에 '멘붕' 'ㅠㅠ'…
서울대 신입생 전원 글쓰기 시험 본다

신입생들 문해력 매년 떨어져… 글쓰기 시험 의무화

    서울대가 2025년부터 신입생 전원을 대상으로 글쓰기 시험을 시행할 방침인 것으로 알려졌다. 서울대는 그간 신입생 중 희망자에 한해 글쓰기 시험을 실시했다. 그러나 최근 신입생 글쓰기 점수가 큰 폭으로 떨어지자 이같이 결정했다고 한다. 최근 수년간 청소년이나 2030세대 일부에 국한됐다고 여겨진 '문해력 저하' 현상이 서울대생 사이에서도 우려할 만한 수준이라고 서울대는 판단하고 있다.

    서울대 기초교육원은 내년부터 '대학 글쓰기 1' 수업을 듣는 모든 신입생이 글쓰기 시험을 치르도록 할 방침이다. 서울대는 2017년부터 8년째 신입생 중 희망자에게만 글쓰기 시험을 보도록 했다. 2017년 253명이 응시했고 올해는 1,724명까지 늘었으나 전체 신입생(3,800여 명)의 절반에도 이르지 못하는 수치다.

    서울대 관계자는 "희망자만 시험을 보게 했는데도 수년째 평균 성적이 가파르게 하락하고 있어 더는 이런 현상을 방치할 수 없다"고 했다. 실제 서울대가 김민전 국민의힘 의원에게 제출한 자료를 보면, 신입생 글쓰기 시험 평균 성적은 2017년 73.7점(100점 만점)에서 2018년 67.3점, 2019년 66.2점, 2020년 65.6점, 2021년 61.6점, 2022년 61.8점, 2023년 61.3점, 2024년 60.7점으로 계속 떨어졌다.

특히 지난해 글쓰기 시험을 본 831명 중 32%(266명)가 '최하' 등급을 받았다고 한다. 이는 2022년 26%보다 증가한 비율이다. '최하' 등급은 글의 일관성이나 명료성이 부족하고, 주장을 뒷받침하는 근거도 부적절한 것이 상당 부분 섞여 있는 글에 부여된다. 한 인문대 교수는 "오지선다형 문제에 익숙해진 학생들이 논술까지도 '외워 쓰기'를 하다 보니 주어진 논제에 맞춰 자기 주장을 펼치는 법을 거의 모르는 경우도 있다"고 했다.

서울대는 신입생 글쓰기 점수의 지속적인 하락이 최근 사회적 문제로도 거론되는 '문해력 부족'과 직결된다고 보고 있다. 최근 한 방송에서도 '서울대생 문해력'이 화제가 됐다. 서울대 학생들이 '일소에 부치다'(웃음거리로 여기고 무시해 버리다) '작금'(요즘) '차반'(맛있게 잘 차린 음식) '이팔청춘'(16세 무렵의 젊은 시절) 등 어휘의 뜻을 묻는 질문에 제대로 답변하지 못한 장면이 담겼다.

본지 기자들이 2일 서울대 관악캠퍼스에서 만난 서울대생들에게 이 같은 어휘의 뜻을 물었다. 신입생 이모(20)씨는 "'일소'라는 말은 처음 들어보고, 대충 '비밀로 하다'라는 뜻인 것 같다"며 "'차반'은 '개차반'만 들어봤는데, 개차반은 안 좋은 의미로 쓰이니까 대략적으로 '상황'을 의미하는 게 아닐까 싶다"고 했다. 강모(22)씨는 "'이팔청춘'은 20대 젊었을 때를 의미하는 게 아니냐"며 "옛말인 것 같은데 옛날엔 수명이 30세 내외로 짧았을 테니 여덟 살을 의미하는 건 아닌지 헷갈린다"고 했다. 안모(24)씨는 임종(臨終)을 이르는 '단말마'에 대해 "무슨 뜻인지 짐작도 안 간다"고 했다.

서울대 교수들은 학생들이 제출한 보고서를 보며 탄식할 때가 많다. 한문학 강의 보고서에서 소설 속 장면을 묘사하던 학생은 "인물이 멘붕(멘탈 붕괴)했다"라는 표현을 썼다. 교수는 "내가 멘붕할 지경이었다"고 했다. 비극의 주인공 심리에 공감한다며 "ㅠㅠ(눈물)" 같은 이모티콘을 사용한 보고서도 있다. 조사 '에'와 '의'를 구분하지 못하거나, '무난하다'를 '문안하다'로, '역할'을 '역활'로, '일부러'를 '일부로'로 쓰는 서울대생도 종종 발견된다고 한다. 최근엔 '금일(今日)'을 '금요일'로 오해하고 과제 제출 기한을 미뤄달라고 요구한 서울대생 사례가 화제가 되기도 했다.

이 같은 '문해력 붕괴' 현상은 학부생뿐 아니라 대학원까지 번지고 있다. 한 교수는 "주술 호응이 안 맞는 문장을 쓰거나 논리적 설명을 못 하는 경우가 허다하다"며 "과거 100쪽가량이던 석사 논문이 최근엔 70~80쪽까지 줄어들고 문단·문장 길이도 단편적으로 뚝뚝 끊어져 학문적인 진지함을 찾아보기 어렵다"고 했다.

서울대는 신입생 대상 글쓰기 시험 결과를 토대로 일대일 맞춤형 글쓰기 상담 프로그램을 운영할 방침이다. 서울대 관계자는 "대학 기초 학습 능력에 필요한 문해력을 끌어올리기 위한 지도도 병행할 것"이라고 했다.

_ 강지은·장윤·박정훈 기자, 2024년 12월 3일

하버드大 글쓰기 프로그램 20년간 이끈
낸시 소머스 교수

하버드대 졸업생 1,600명 중 90% 이상
"현재 직장에서 글쓰기 능력이 제일 중요하다"

"매일 10분이라도 글 써야 생각을 하게 돼"
하버드 입학생은 글쓰기 의무 수강
수강생 73% "생각 잘 표현하게 돼"

　미국 하버드대는 1872년부터 신입생 전원에게 '하버드 글쓰기 프로그램' 강좌를 146년간 하고 있다. 적어도 한 학기는 수강을 의무화했다. 매해 입학생 1,700여 명이 문·이과 전공에 관계없이 '학술적 글쓰기' 능력을 체득하는 것이다. 하버드대에 따르면, 이 수업을 들은 학생의 73%는 "글쓰기 능력 향상은 물론 대학 수업에 더 적극적으로 참여하게 됐다"고 했다.

　지난 20년간 하버드 글쓰기 프로그램을 이끌어온 낸시 소머스(66) 하버드대 교육대학원 교수는 본지와 전화 인터뷰에서 "대학 지식인은 글쓰기로 완성된다"며 한국 대학에서 글쓰기 교육을 강화해야 한다고 말했다. 그는 "강의 듣고 시험 잘 쳐서 대학 졸업할 수도 있지만 그런 사람은 평생 '학생' '관찰자' 위치를 벗어날 수 없다"면서 "졸업 후 자기 분야에서 진정한 프로가 되려면 글쓰기 능력을 길러야 한다"고 말했다.

　소머스 교수는 하버드 학생 422명을 대상으로 글쓰기 교육이 대학교 공부에 미치는 영향을 추적 조사한 연구로 유명하다. 그의 연구에 따르면 글쓰기 교육을 받은 신입생 73%가 "수업에서 내 생각을 잘 표현할 수 있게 됐다"고 했고, 66%는 "전공과목에 관심을 갖게 됐다"고 답했다. 실제 하버드에서는 1977년 이후 사회에 진출한 40대 졸업생 1,600명을 대상으로 '현재 직장에서 가장 중요한 능력은 무엇인가'라고 물었는데, 90% 이상이 '글쓰기'라고 답변했다. 소머스 교수는 "시험만 잘 보는 학생은 '정해진 답'을 찾는 데 급급하지만 글을 잘 써야 '새로운 문제'를 찾아낼 수 있다"고 말했다.

그는 "공대생이든, 사회대생이든 글로 논리적인 주장을 펼 줄 알아야 논문도 쓰고 연구 결과를 인정받을 수 있다"면서 "하버드뿐 아니라 대학 교육의 근간은 글쓰기가 돼야 한다"고 말했다. 모든 대학 교육은 기본적으로 글을 통해 아이디어를 주고받는 방식으로 이뤄지며, 이를 장려하기 위해 하버드는 전공과 관계없이 글쓰기 교육을 강조한다는 것이다. 그는 "처음엔 고교생 수준이었던 1학년의 글쓰기 실력이 리포트를 평균 12~16편 내면서 학기 말쯤엔 '학술인' 수준으로 향상된다"고 했다.

글쓰기 프로그램은 미국 대부분 대학에 도입돼 있다. 매사추세츠공대(MIT)는 과학자, 소설가 등 다양한 분야 인물들이 진행하는 글쓰기 수업을 운영한다. 예일, 컬럼비아대 역시 학부생에게 1대1 글쓰기 교습을 해준다.

소머스 교수는 학생들끼리 서로 글을 읽고 첨삭해주는 '동료평가(peer edit)'가 글쓰기 실력 향상에 중요하다고 했다. "10여 년 전 한국 방문 당시 고등학생들과 만날 기회가 있었어요. 학생끼리 서로의 글을 읽고 고쳐주라고 했는데 '한 번도 해본 적 없다'고 해서 놀랐지요. 동료의 글을 최대한 많이 읽어보고 자기 글에 대한 평가를 받아봐야 비로소 내 글의 단점이 무엇인지, 어떻게 개선할지를 알 수 있습니다."

그가 제시한 글쓰기 비법 가운데 한 가지는 "짧은 글이라도 매일 써보라"는 것이다. "하루 10분이라도 매일 글을 써야 비로소 '생각'을 하게 되지요. 어릴 때부터 짧게라도 꾸준한 읽기와 쓰기를 해온 학생이 대학에서도 글을 잘 쓰더군요."

_ 박승혁 기자

문장 잘 쓰는 법

"명확하게 쓰면 독자가 모인다.
모호하게 쓰면 비평가들이 달라붙는다."
- 알베르 카뮈 (프랑스 소설가)

짧게 써라

① 독자가 이해하기 쉽다.
② 짧은 문장일수록 읽는 맛, 리듬감이 살아난다.
③ 문법적으로 틀릴 일이 별로 없다.

[잘못된 예]

세계 최대 인터넷 검색업체 구글이 세계 최초로 휴대전화를 만들었으며, 미국의 대표적인 휴대전화 제조기업인 모토로라모빌리티를 인수했다.

[수정 후]

세계 최대 인터넷 검색업체 구글이 세계 최초로 휴대전화를 만든 모토로라를 인수했다. 모토로라는 미국의 대표적인 휴대전화 제조기업이다.

쉽게 써라

① 쉬워야 좋은 글이다. 글의 주인은 독자다. 독자는 쉬운 글을 원한다.
　단어도, 말하려는 논지도 이해하기 쉬워야 한다.
② 구어체로 쉽게 쓰자. 사람들은 말과 글은 다르다고 생각한다.
　글은 품격이 있다고 생각하니 단어가 딱딱해진다.
　친구에게 재미있는 얘기를 해주듯 써야 한다.

[잘못된 예]

- 벽을 타고 하강
- 난이도가 점점 심해졌다.
- 피아간 커뮤니케이션이 불가했다.
- 호구지책을 강구하기가 힘들었다.

[수정 후]

- 벽을 타고 내려와
- 점점 어려워졌다.
- 서로 의사소통을 할 수 없었다.
- 먹고 살기 힘들었다.

구체적이고 객관적으로 써라

① 좋은 글은 팩트(fact)다. 불명확한 글, 결론이 없는 글은 독자를 짜증나게 만든다. 명확하고 구체적인 글은 독자에게 여운을 준다.
② 구체적일수록 그럴듯하다. 독자들은 '너무 예쁘다'가 아니라, 예쁜 이유, 구체적인 팩트를 원한다. 세밀한 전달을 위해 자주 동원해야 하는 것이 '숫자'다.

[잘못된 예]	[수정 후]
옛날 어느 날 오후 두 시쯤 덕수궁 앞에서 남녀가 반갑게 재회했다.	2017년 10월 17일, 오후 2시 덕수궁 앞에서 남녀가 반갑게 재회했다.

글 잘 쓰는 법

글은 구성에서 나온다

① 글 전체로 하나의 명확한 메시지를 줘야 한다.
② 전체적인 글 구조를 설계하자. 앞부분, 중간 부분, 마지막 부분을 각각 어떤 내용으로 쓸지 구상해야 한다. 특히 첫 문장이 중요하다. 첫 문장은 호객행위다. 글의 시작이 독자로 하여금 그 글을 계속 읽게 만드느냐 여부를 결정한다.
③ 퇴고(推敲: 글을 지을 때 여러 번 생각하여 고치고 다듬는 일)가 가장 중요하다. 글은 쓰는 게 아니라 고치는 것이다. 글은 써서 고쳐야 끝난다. 품격 있는 글은 마감이 잘 되어 있어야 한다. 오탈자(誤脫字)와 문법적인 오류가 없는지 끊임없이 들여다봐야 한다. 어려운 표현이 있는지 살펴봐야 한다. 또 뺄 수식어는 없는지 집중적으로 점검한다.

_ 박종인《기자의 글쓰기》

한 문장은 짧지만, 그 안에는 깊은 생각이 응축되어 있습니다.

좋은 문장을 반복해 쓰며, 글의 감각을 익혀봅니다.

PART 1

단문 따라 쓰기
: 좋은 문장을 위한 첫걸음

좋은 문장을 위한 감각 익히기
: 짧고 명료한 문장의 기본 배우기

단문 글쓰기란?

단문은 짧지만 강한 글입니다. 한두 문장으로도 충분하게 생각을 전하고, 감정을 불러일으키며, 독자의 마음을 움직일 수 있어야 하죠.

단문은 복잡한 설명을 덜어내고 핵심만 남기는 훈련입니다. 짧을수록 정확성과 표현력이 더욱 중요해지기 때문에, 글쓰기의 기본기를 다지기에 가장 좋은 형식입니다.

하나하나의 문장은 짧아야 합니다. 문장 안에 주어, 목적어, 서술어가 분명하게 자리 잡아야 하며, 수식어는 꼭 필요한 것만 남겨야 합니다.

예시 "긴 문장은 숨이 차다. 단문은 목적지만 향한다."
"생각이 많을수록 말은 짧아진다."
"지금 이 순간이 쌓여 내일이 된다."

단문 필사, 어디에 좋을까?

① 명료하고 힘 있는 글쓰기: 긴 설명보다 '한 줄 요약'이 중요한 시대. 핵심을 찌르는 한 줄 쓰기는 기획서, 이메일, 광고 문구, 자기소개서 등 모든 분야에서 강력한 무기가 됩니다.

② 좋은 문장 감각 익히기: 단문은 좋은 문장의 패턴을 반복적으로 익히는 가장 빠른 길입니다. 감정, 비유, 정보 전달의 구조를 직접 써보며 자연스럽게 체득할 수 있습니다.

③ 복잡한 생각을 요약하는 능력 향상: 글은 결국 '생각 정리'입니다. 짧은 문장으로 생각을 요약해 보는 연습은 긴 글쓰기의 기초 체력을 길러줍니다.

이렇게 따라 써보세요

① 문장을 큰소리로 읽고, 그 문장이 왜 강하게 느껴지는지 분석해 보세요.

② '주어-서술어' 또는 '주어-목적어-서술어'가 빠짐없이 들어있는지 확인하며 따라 써보세요.

③ 특히 마음에 드는 문장은 따로 적어두고 반복해서 써보는 것도 좋습니다.

마음을 움직이는 한 문장
명언과 짧고 강렬한 문장 필사로 감각 키우기

마음을 움직이는 문장이란?

짧지만 읽는 사람의 마음에 오래 남는 문장을 말합니다. 문장이 짧다고 해서 가볍지는 않습니다. 오히려 간결한 문장일수록 더 정확하고, 더 깊은 울림을 남깁니다.

이런 문장은 보통 강한 단어, 생생한 이미지, 또는 삶의 진실을 담은 말로 구성됩니다. 몇 글자 안에 감정과 통찰을 담기 때문에, 말보다 더 강한 여운을 줄 수 있습니다. 한 문장으로 위로를 건네고, 결심을 하게 만들고, 때로는 세상을 다시 보게 만드는 힘이 있습니다.

핵심은 울림과 여운

감정을 불러일으키는 문장은 보통 단순한 구조를 갖지만, 단어 선택은 예리합니다. 비유나 대조, 반복 같은 장치도 자주 사용됩니다.

> (예시) "깊이 들여다보는 눈보다, 따뜻하게 바라보는 눈이 더 큰 힘을 가진다."
>
> "노병은 죽지 않는다. 다만 사라질 뿐이다."

따라 쓰기의 효과

① 감정을 실어 전달하는 문장 구성 감각이 길러집니다.
② 간결한 문장으로도 공감과 설득이 가능하다는 걸 체득할 수 있습니다.
③ 나만의 '표현 어휘'를 찾는 데 도움이 됩니다.

이렇게 따라 써보세요

① 문장을 따라 쓰기 전, 이 문장이 왜 마음을 움직이는지 생각해 보세요.
② 인상적인 단어 하나를 중심으로 문장을 바꿔 써보는 연습을 해 보세요.
③ 같은 주제로 나만의 짧은 문장을 만들어보세요.

001

마음을 움직이는 한 문장

인생에서 가장 중요한 일은 자기 자신을 발견하는 일이다.

_ 프리드쇼프 난센(탐험가)

산고를 겪어야 새 생명이 태어나고, 꽃샘추위를 겪어야 봄이 오며,
어둠이 지나야 새벽이 온다.

_ 백범 김구(독립운동가, 정치인)

시작하는 방법은 말하기를 멈추고 행동하는 것이다.

_ 월트 디즈니(만화 영화 제작자)

지구는 사랑스러울 정도로 아름다울 뿐 아니라, 특별한 사건이 없는 한 우리에게 마음의 고요를 허락하는 곳이기도 하다.

_ 칼 세이건 《코스모스》

우리에게는 존재하지 않는 것을 꿈꾸는 사람이 필요하다.

_ 존 F. 케네디(정치가)

벽을 치느라 시간을 버리지 말고
그 벽을 문으로 바꾸는 노력을 하라.

_ 가브리엘 샤넬(패션 디자이너)

뛰어난 명마는 마구간에 엎드려 있어도 천 리를 꿈꾼다.

_ 조조(정치가)

누군가를 비판하고 싶을 때는 이 점을 기억해 두는 게 좋을 거다.
세상의 모든 사람이 다 너처럼 유리한 입장에 서있지는 않다는 것을.

_ F. 스콧 피츠제럴드《위대한 개츠비》

003

미래는 현재 우리가 무엇을 하는가에 달려있다.

_ 모한다스 카람찬드 간디(정치가)

최선을 다한 뒤 얻은 결과라면
그대로 받아들일 수 있어야 한다.

_ 박지성(축구 선수)

불행은 누가 진정한 친구가 아닌지를 보여준다.

_ 아리스토텔레스(사상가)

사람들은 자신에게 일어난 나쁜 일에 대해서는 부당하다고
불평하지만, 좋은 일에 대해서는 좀처럼 입을 떼는 법이 없다.

_ 코맥 매카시 《노인을 위한 나라는 없다》

004

걱정 없는 인생을 바라지 말고 걱정에 물들지 않는 연습을 하라.

_ 알랭(철학자)

글쓴이의 생각을 깊게 받아들이려면
독서한 뒤 자기만의 사색이 꼭 필요하다.

_ 김대중(정치가)

신은 우리에게 성공이 아니라 노력을 요구한다.

_ 마더 테레사(종교인)

일을 꾸미는 것은 사람의 몫이지만,

일이 성사되는 것은 하늘의 뜻에 달려있다.

_ 나관중《삼국지》

005

내일의 모든 꽃은 오늘의 씨앗에 근거한 것이다.

_ 중국 속담

만약 당신의 편으로 만들고 싶은 사람이 있다면
당신이 먼저 진정한 친구가 되어라.

_ 에이브러햄 링컨(정치가)

마치 발로 지구별에 입맞춤하듯 그렇게 걸어보라.

나의 굳건함, 자유와 평화를 지구별 위에 인장 찍듯 그렇게 걸어보라.

_ 오대산 월정사(전나무 숲길 안내문)

나는 어디서 왔나? 내 어린 시절에서 왔다.

남들이 어느 나라 출신이라고 말하듯, 나는 내 어린 시절 출신이다.

_ 생텍쥐페리《전시 조종사》

006

파리도 천리마의 꼬리에 붙어 천리 길을 갈 수 있다.

_ 시마천 《사기》

우리의 삶이 늘 평온하고 만족스럽다면 예술이 필요하지 않을 것이다. 예술은 우리에게 제한된 현실 속에서 자유와 기쁨을 얻을 수 있도록 도와준다.

_ 전원경 《예술, 역사를 만든다》

배우기만 하고 생각하지 않으면 얻는 것이 없다.

_ 공자(사상가)

이렇게 서둘러 달려갈 일이 무언가

환한 봄 햇살 꽃그늘 속의 설렘도 보지 못하고

_ 신경림 〈특급열차를 타고 가다가〉

007

인간은 스스로의 선택에 의해 자신의 모습을 만들어간다.

_ 장 폴 사르트르(사상가·저자)

내가 이야기할 때는 그냥 이야기예요.
하지만 글로 쓰면 그건 영원히 진심이죠.

_ 어니스트 밀러 헤밍웨이 《헤밍웨이의 말》

나는 밤에만 꿈을 꾸지 않고 하루 종일 꿈을 꾼다.

_ 스티브 스필버그(영화감독)

타인의 결점은 우리들의 눈앞에 있고,

우리들 자신의 결점은 우리의 등 뒤에 있다.

_ 세네카(사상가)

008

끝날 때까지 끝난 것이 아니다.

_ 요기 베라(야구 선수)

학살당하는 유대인을 보면서도 적극적으로 변화의 목소리를
내지 않은 사람, 타인의 고통에 관심 가지지 않은 모두의 마음속
한 부분에 악이 있다.

_ 한나 아렌트 《예루살렘의 아이히만》

바다가 고요할 때 폭풍우를 대비하라.

_ 마키아벨리(정치 사상가)

세상을 조금이라도 더 좋은 곳으로 만들고 떠나는 것.
이것이 진정한 성공이다.

_ 랄프 왈도 에머슨《무엇이 성공인가》

009

복리는 인간이 만든 가장 위대한 발명이다.

_ 알베르트 아인슈타인(물리학자)

투자의 제1원칙은 돈은 잃지 않는 것이다.
제2원칙은 제1원칙을 절대 잊지 않는 것이다.

_ 워런 버핏(기업인)

당신이 꿈꿀 수 있다면, 그것을 이룰 수도 있다.

_ 월트 디즈니(만화 영화 제작자)

우리 대부분은 진실을 듣고 싶어 하지 않는다.
듣고 싶은 말만 원할 뿐이다.

_ 프리드리히 빌헬름 니체(철학자)

010

불가능은 단지 의견일 뿐이다.

_ 무하마드 알리(권투 선수)

우리는 시간이 부족한 것이 아니라,
대부분의 시간을 낭비하고 있을 뿐이다.

_ 세네카《인생의 짧음에 대하여》

절망은 마약이다. 절망은 생각을 무관심으로 잠재운다.

_ 찰리 채플린(영화배우)

날아다니는 새가 다 없어지면 좋은 활은 감추어지고,
교활한 토끼가 죽으면 사냥개는 삶아 먹히게 된다.

_ 시마천《사기》

011

나는 내가 아무것도 모른다는 것을 안다.

_ 소크라테스 《변명》

당신의 인생에서 가장 중요한 두 날은
당신이 태어난 날과 그 이유를 알게 되는 날이다.

_ 마크 트웨인(작가)

절약은 수입보다 더 확실한 수익이다.

_ 벤자민 프랭클린(정치인)

당신이 자는 동안에도 돈이 들어오지 않는다면,
당신은 평생 일해야 할 것이다.

_ 워런 버핏(기업인)

012

인생은 무거운 짐을 지고 먼 길을 가는 나그네와 같다.
그러니 서두르지 마라.

_ 도쿠가와 이에야스(정치인)

미치도록 모호하고 표현하기 어려운 형태일지라도,
불안은 거의 언제나 당신에게 유용하고 적절한 무언가를 전하려 한다.

_ 알랭 드 보통《불안》

우리가 두려워해야 할 유일한 것은, 두려움 그 자체이다.

_ 프랭클린 D. 루스벨트(정치인)

어리석은 자는 멀리서 행복을 찾고
현명한 자는 자신의 발치에서 행복을 키워간다.

_ 제임스 오펜하임(시인)

글의 핵심을 압축한 문장
2~3문장으로 핵심을 간결하게 전하는 법

핵심을 압축하는 것이 왜 중요한가?

글을 잘 쓴다는 건 결국 '무엇을 남기고 무엇을 덜어낼지' 선택하는 능력입니다. 독자는 글 전체를 다 읽을 시간도, 의지도 없을 때가 많습니다. 그럴수록 짧은 글로 핵심을 정확히 담아내는 능력이 중요해집니다.

핵심을 압축하는 글쓰기는 생각을 정리하고, 독자가 내용을 빠르게 파악할 수 있게 도와줍니다. 특히 기사, 보도자료, 보고서, 발표문처럼 '짧고 정확해야 하는 글'에서는 가장 필요한 기술입니다. 두세 문장 안에 중요한 메시지를 담아낼 수 있다면, 긴 글도 잘 쓸 수 있습니다.

핵심은 요약력과 균형

너무 단순하면 맥락이 빠지고, 너무 장황하면 핵심이 흐려집니다. 중요한 정보만 남기고 균형 있게 압축하는 것이 관건입니다.

> 예시 "주가가 급락하고 원·달러 환율이 1,400원을 돌파했다. 글로벌 경기 불안이 원인이다."

따라 쓰기의 효과

① 긴 내용을 빠르게 정리하는 능력이 생깁니다.

② 문장의 구조 안에서 어떤 요소를 '남기고, 버릴지' 판단하는 감각이 생깁니다.

③ 기획서, 제안서 등에 바로 응용할 수 있는 기술입니다.

이렇게 따라 써보세요

① 말하고자 하는 내용이 충분히 들어있는지 생각해 보세요.

② 핵심 문장과 보조 문장을 나눠보세요.

③ 한두 문장을 읽고, 글 전체 내용을 생각해 보세요.

013

글의 핵심을 압축한 문장

한국 경제가 2029년에야 1인당 GDP 4만 달러 벽을 넘을 것이라는 국제통화기금(IMF)의 전망이 나왔다. 6개월 전까지만 해도 IMF는 2027년을 4만 달러 돌파 시점으로 봤는데 이를 2년 뒤로 늦춘 것이다. 고환율이 표면적인 이유지만, 경제 성장 동력 상실이 주된 요인이라는 지적이 많다.

"2년 멀어진 국민소득 4만 달러… 2027년에서 2029년으로" (김정훈·최아리 기자, 2025년 4월 29일)

미국이 무역 적자를 기록하는 근본 원인은 간단하다. 미국인들은 자신들이 생산하는 것보다 훨씬 많이 소비하기 때문이다. 미국은 세계 최대 소비 시장이고, 국민들은 소비를 즐긴다. 자국 내에서 충분히 생산하지 못하면 외국에서 사들여야 하니 무역 적자가 발생할 수밖에 없다.

"美, 중국을 무너뜨리고 싶은가… 차라리 中 제품에 대한 관세를 없애라" (서유근 기자, 2025년 6월 13일)

014

우리 사회 최고의 자산 증식 수단은 부동산, 그것도 서울 강남권의 아파트라는 것이 수십 년 통용돼 온 상식이다. 그 결과 가계의 자산 70~80%가 집 한 채에 쏠려 있다. 미국의 경우 가계 자산의 60~70%가 주식, 채권 등 금융 자산이다.

"'부동산 대신 주식'… 가야 할 방향 맞다" (2025년 6월 13일)

지난날의 과오를 바로잡으려는 듯 영국은 지난달 브렉시트 이후 처음으로 EU와 정상회담을 갖고 '관계 재설정'에 나섰습니다. 마치 둥지를 떠난 새가 혹독한 겨울을 맛보고 가족의 곁으로 돌아오는 모습 같습니다.

"여론에 휩쓸린 오판, 뒤늦게 반성하는 英… 우리에게 주는 교훈은?" (채제우 기자, 2025년 6월 12일)

015

비 때문에 멈춘 경기. 다시 시작된 승부에서 한화는 내달렸다. 그리고 1위로 올라섰다.

"'미리 보는 한국시리즈' 한화가 웃었다" (양승수 기자, 2025년 6월 16일)

고대 로마 제국은 스페인이 있는 이베리아반도를 '히스파니아'라 불렀다. '히스패닉'은 거기서 유래한 말로, 원래 '스페인 또는 스페인어 사용 국가 출신'이란 뜻이다. 그런데 중남미 국가 대부분이 스페인어를 쓰다 보니, 중남미 출신 미국 이민자의 통칭이 됐다.

"히스패닉" (김진명 기자, 2025년 6월 12일)

016

현대차그룹 계열사 보스턴다이내믹스의 로봇 개 '스폿'이 지난 10일 방송된 미국 예능 프로그램 '아메리카 갓 탤런트'에서 군무를 추고 있다. 일반인들이 출연해 노래와 춤, 마술 같은 끼를 발산하고 경연 형식으로 우승자를 가리는 이 프로그램에서 로봇만 출연한 건 이례적이다. 5대의 스폿이 무대에 올라 영국 록밴드 퀸의 노래 '돈 스톱 미 나우'에 맞춰 일사불란하게 움직였다.

"미 TV 예능 프로에 등장한 현대차그룹 '로봇 개' 칼군무… 한 마리가 넘어졌지만 '합격'" (2025년 6월 13일)

먹물을 한껏 머금은 붓으로 한자 '二(이)'를 너무 강하게 눌러쓴 것일까. 아니면 오른쪽 눈을 살포시 감고 있는 아이돌 스타의 얼굴 일부일까. 언뜻 보기에 대가의 수묵화를 흉내 낸 듯한 이 사진은 약 50년간 풀리지 않은 수수께끼였던 화성 표면 줄무늬 중 일부다.

"한 폭 수묵화 같은 화성 줄무늬 50년 만에 미스터리 풀리나" (곽수근 기자, 2025년 5월 29일)

017

어차피 '미션'에서 이야기는 부수적이다. 진짜를 보고 싶은 관객에게 '진짜'를 선사하는 '톰형'의 자기 증명, 폭발적인 액션이 '미션'의 본질이자 핵심이다.

"공중·수중전도 맨몸으로… '8번째 미션 임파서블' 더 극한으로" (신정선 기자, 2025년 5월 16일)

최근 전 세계 유명 스포츠 스타들 사이에서 가장 각광받는 훈련은 '호흡법'이다. MLB뿐 아니라 미 프로농구(NBA), 미 프로풋볼(NFL) 등 다양한 종목에서 퍼지고 있다. 여러 스포츠 선수를 가르치는 하비 마틴은 미 스포츠 매체 디애슬레틱에 "숨을 깊게 들이마신 뒤에 잠시 참고 내뱉는다는 기본적인 방법이지만, 놀랍게도 엘리트 수준의 선수들에게도 굉장한 도움이 된다"고 했다.

"경기 안 풀릴 때 심호흡하라" (이영빈 기자, 2025년 5월 8일)

018

'애망빙(애플망고 빙수)'은 2008년 제주신라호텔이 지역 식재료 발굴 차원에서 처음 선보였다. 출시 당시 2만 7,000원이던 애망빙은 가격이 급상승해 올해 무려 14만 9,000원을 받는 호텔도 나왔다. 인기가 사그라들 기미는 보이지 않는다. '스몰 럭셔리'이자 여름 별미로 자리 잡았다.

"애플망고 빙수'는 이 남자 없이도 탄생할 수 있었을까" (김성윤 기자, 2025년 5월 10일)

중국이 과학 강국으로 올라선 데는 대학과 연구소의 경쟁력이 기반이 됐다. 네이처 인덱스는 뛰어난 논문에 기여한 정도 등을 점수로 환산해 평가하는데, 이번에 최우수 연구 기관으로 발표된 중국과학원과 2위 하버드대의 점수 차이는 2배가 넘는다.

"세계 톱30 대학에 중국 4개, 한국 0개… 서울대마저 38위로 밀려났다" (최인준·오주비 기자, 2025년 6월 19일)

019

잠수교 개통 당시 사진이 있다. 강북 쪽에서 바라본 다리 건너 강남은 허허벌판이었다. 얼마 전 아침 출근길에 잠수교 북단에 서서 스마트폰을 꺼내 들고 그때 그 사진과 같은 각도에서 다리 건너편 강남 풍경을 찍어 보았다. 지난 반세기의 기적이 화면 안에 있었다.

"세계인의 다리, 잠수교" (김태훈 기자, 2025년 5월 29일)

곧 치맥 시즌이다. 전국 5만여 치킨집은 퇴직금 털고 가족 일손을 모아 '영끌 창업'한 사장들에겐 피 말리는 생업 전쟁이다. 이 불황에 치킨 한 마리 팔면 얼마를 손에 쥘까? 알면 깜짝 놀란다.

"'월 매출 1억' 사장님의 꿈 품고… 꽃 피어라, 치킨!" (정시행 기자, 2025년 5월 17일)

020

황제주의 저주란, 주가가 100만 원 넘는 황제주가 된 뒤 오히려 주가가 하락하거나 기업 가치가 악화되는 경향을 일컫는 말이다. 국내 최초로 1999년 황제주에 올랐던 SK텔레콤을 비롯해 새롬기술·한국정보통신·다음커뮤니케이션 등이 줄줄이 황제주 반열에 올랐다가 2000년대 초반 '정보통신(IT) 버블' 붕괴로 주가가 일제히 하락하면서 등장한 말이다.

"100만 원 넘는 '황제주의 저주'를 아시나요" (이혜운 기자, 2025년 5월 29일)

최신 연구에 따르면 요즘 70세의 인지 능력은 25년 전 53세와 같아서, 더 오래 일할 수 있다는 것이다. 골드만삭스는 이를 "매우 실질적인 의미에서 '70세는 새로운 53세'"라고 표현했다.

"글로벌 고령화, '70세는 새로운 53세'" (김진명 기자, 2025년 6월 22일)

021

5,000만 원에 파는 가방의 원가가 200만 원이라고 하더라도 소비자가 찾으면 그만이다. 그게 시장 논리다. 동시에 어떤 기업이든 소비자에게 피해를 끼쳤다면 개선하도록 애쓰는 것도 시장 논리이자 기업의 도리다.

"세계 최대 명품 그룹의 민낯" (석남준 기자, 2025년 5월 29일)

경제학계의 거두 밀턴 프리드먼은 "정책을 평가할 때 가장 큰 오류는 결과가 아니라 의도를 기준으로 판단하는 것"이라고 했다. 선의로 포장된 정책일수록 경제 원리에 맞지 않는 반(反)시장적일 수 있으니 결과에 대해 철저히 검증해야 한다는 뜻이다.

"소주성 시즌2로는 경제 못 살린다" (나지홍 기자, 2025년 5월 28일)

022

'가족 여행 마음가짐'이라는 항목에 이런 내용이 있다. 부모는 불평 대신 "신기하다" "특이하다"로 바꿔 말하고, 자녀는 부모 질문에 착한 말투로 대답하기. 빙~ 돌아왔지만, 결국 배려!

"'아직 멀었냐?' '몰라도 돼'… '가족 여행 금지어'에 담긴 속마음" (조유미 기자, 2025년 6월 14일)

나이가 들수록 음식을 씹기 힘들어지는 것은 단순히 치아 문제만이 아니라, 씹는 데 관여하는 턱 근육 저작근의 노화 때문이기도 하다. 60세 전후부터 저작근 굵기가 서서히 줄어든다. 근육 사이에 지방이 스며들어 근육의 기능적 효율도 떨어진다. 결과적으로 질긴 음식이나 갑작스럽게 씹는 동작을 하기가 점점 어려워진다.

"장수는 '씹는 힘'… 턱근육 키우는 10·5·5 법칙" (김철중 기자, 2025년 4월 17일)

023

"병살 만드는 것과 새벽 4시 아기 기저귀 가는 것 중 뭐가 더 어려워?" 지난 26일 뉴욕 메츠와 LA 다저스 미 프로야구 메이저리그(MLB) 경기 2회 초 수비 도중 메츠 유격수 프란시스코 린도어가 아내 카티아 린도어에게 받은 질문이다. 린도어는 상대 타자 맥스 먼시가 투수 앞 땅볼을 치자 놀라면서도 대답했다. "25년간 병살을 잡아왔지만, 기저귀 가는 건 얼마 되지 않았잖아. 당연히 기저귀 가는 게 더 어려워!"

"선수들 잡담까지 다 듣는다" (강우석 기자, 2025년 5월 28일)

고물가로 실질 소득 감소를 겪고 있는 영미권에서는 예비부부들이 결혼식 하객 규모를 대폭 축소하고 있다. 장소도 예식장이 아닌 레스토랑 등에서 치르고, 결혼 반지나 신혼여행 비용도 낮춘다. 결혼식을 대규모 행사(세리머니)가 아닌 소규모로 치르는 '미니머니(minimony)' 트렌드가 나타나고 있다.

"미국인 절반이 '스몰 웨딩'… 하객 50명도 안 불러" (오경묵 기자, 2025년 5월 14일)

024

최근 미국 뉴욕의 금융가 월스트리트에서 '타코(TACO)'가 유행하고 있다. 고기와 채소 따위를 얇은 옥수수 빵에 싸 먹는 멕시코 요리가 아니다. '트럼프는 언제나 겁먹고 물러난다(Trump Always Chickens Out)'는 말의 약자로, 충격적인 정책을 발표해 시장을 혼란에 빠뜨리고 유예·번복을 거듭하는 도널드 트럼프 대통령의 행태를 비꼬는 신조어다.

"월가에 '타코' 열풍" (김보경 기자, 2025년 5월 29일)

법정 정년인 60세 이후에도 회사와 계약을 맺고 더 일한 사람(고령자 계속 고용)이 지난해 77만 명으로 역대 최고치를 기록했다. 1년 전보다 5% 늘었고, 정년이 60세로 연장된 2016년과 비교하면 두 배로 증가했다.

"'정년 연장'보다 '계속 고용'이 일자리 상생 해법" (2025년 5월 29일)

025

지난해 매출이 300조 원으로 삼성전자만큼 덩치가 커진 폭스콘이 AI(인공지능) 로봇, AI 데이터센터에 이어 전기차 위탁 생산 분야까지 진출하고 있다. 삼성을 꺾으려 도시바 반도체 사업부를 인수하려 했던 폭스콘이다. 폭스콘이 'AI 파운드리' '전기차 파운드리'가 되면 그날이 '타도 한국'의 꿈이 실현되는 날이 될 수도 있다.

"폭스콘의 '타도 한국' 집념" (김홍수 기자, 2025년 5월 27일)

Story 01

"글 써봐야 안다, 내가 뭘 알고 모르는지…
여기서 창의성 출발"

 서울대 심리학과 박주용 교수의
글쓰기·토론 예찬

**매주 쓰고 토론하는 전공 수업
학생들 "힘들지만 남는 게 많아"**

**朴교수 "철학자 베이컨이 말했죠.
토론은 준비된 사람을 만들고 쓰기는 정밀한 사람을 만든다.
대학서 이 두 가지는 꼭 가르쳐야"**

　서울대 사회과학대학 전공 탐색 수업인 '심리학: 인간의 이해'는 학생들 사이에 "어렵지만 도전해볼 만한 수업"으로 알려져 있다. 1학년 대상 수업인데 타과 2~3학년들이 일부러 찾아와 들을 만큼 인기가 높다. 동시에 수강 신청자 절반이 학기 초에 수강을 취소할 만큼 학습량이 많고 어려운 것으로도 유명하다. 담당 교수인 심리학과 박주용 교수는 "매 학기 40~50%는 수업을 포기한다"고 말했다.

　'창의성 교육을 위한 교수 모임'의 일원인 박 교수는 "대학 교육은 토론과 글쓰기 위주로 이뤄져야 한다"는 지론하에 본인 강의를 그렇게 하고 있다. 박 교수는 매주 수업 시간마다 학생들에게 다음 주에 토론할 주제를 제시한다. 예컨대 '대입 시험을 지능검사 시험으로 대체하면 어떨까'라는 주제와 함께 '사이언스' 같은 잡지 기사 스크랩 등 관련 읽을거리를 준다. 정답이 있는 질문이 아니기 때문에 학생들은 며칠씩 고민할 수밖에 없다. 그리고 A4용지 한 장 정도로 답안을 작성해 온라인 강의 시스템에 올리면, 다른 학생들이 읽고 평가하는 방식이다.

모든 학생이 각각 임의로 배정된 다른 학생 서너 명의 글에 대해 평가를 남긴다. 박 교수는 "매주 쓰기 과제가 있으니 각 학생은 한 학기에 12~13장 분량의 글을 쓰는 셈"이라며 "암기 위주의 입시 교육만 받아온 우리 학생들에게 쉬운 과제는 아닐 것"이라고 말했다.

수업 당일에는 학생들이 3~4명 규모의 소그룹별로 토론을 벌인다. "타고난 지능에 의한 위계질서를 조장할 것"이라거나 "이미 우리 대학 제도가 그런 사회를 만들었다" 같은 갑론을박이 오간다. 박 교수는 학생들이 올린 글 중에 좋은 것 몇 가지를 수업 시간에 소개할 뿐이다. 이따금 학생 사이를 오가며 어떤 토론이 오가는지 귀를 기울이기도 하지만 개입은 최소한만 하고 있다.

창의성 계발에 왜 '쓰기'를 강조할까. 박 교수는 철학자 베이컨의 말을 인용해 "독서는 완전한(full) 사람을, 토론은 준비된(ready) 사람을, 쓰기는 정밀한(exact) 사람을 만든다"며 "독서와 토론과 쓰기는 창의적 사고를 위해 갖춰야 할 기본"이라고 말했다. 박 교수는 "그러나 현재 우리나라 교육은 '입시'라는 괴물로 인해 토론과 쓰기 교육이 거의 배제되고 있다"며 "대학에서 늦게라도 토론과 쓰기 교육을 시켜야 한다"고 했다. 효율적인 토론을 위해 생각을 정리하도록 쓰기 과제를 많이 내주는 것이다.

"글을 써봐야 생각이 정리되고 무엇보다 '내가 어디까지 정확히 알고 있는가'가 명확히 드러납니다. 말로는 안다고 하는 내용도 글로 옮기려면 어디까지가 한계인지 극명하게 나타나죠. 그제야 내가 아는 것과 모르는 것을 명확히 파악하고 그때부터 새로운 생각, 즉 창의성이 발현하는 것입니다."

수강을 취소하지 않고 한 학기 내내 완주한 학생들 사이 평가는 매우 좋은 편이다. 수강생 김서연(경제학부) 씨는 "통상적인 강의·암기 위주 수업과 다르게 학생 스스로 많은 생각을 하도록 만드는 수업이었다"며 "매주 쓰기 연습을 하면서 생각을 정리하고 발전시킬 수 있었다"고 말했다. 지난 학기 강의 평가에서 학생들은 이 수업에 평균 4.2점(5점 만점)을 매겼다. 4.0점 이상이면 선호하는 강의라는 평을 받는다. 학생들은 강의 평가란에 "힘들어요!" "그래도 이런 수업이 많아졌으면 좋겠어요" "글쓰기에 자신감이 생겼어요" 같은 평을 남겼다. 박 교수는 "현재 대학에서 글쓰기 교육이 거의 이루어지지 못하고 있는 점을 고려하면 시사하는 바가 매우 크다"고 말했다.

_ 박승혁 기자

사진은 보는 글, 기사는 읽는 그림입니다.
장면을 언어로 포착하는 법을 익히며 글의 입체감을 키워봅니다.

PART 2

사진기사 따라 쓰기
: '보는 글'을 위한 핵심 익히기

보이는 정보를 생생한 언어로
: 이미지와 텍스트의 조화로 시각적인 글 구성하기

사진기사란?

사진기사는 '보는 글'입니다. 사진 한 장에 담긴 장면과 분위기를 짧은 글로 설명합니다. 단 몇 줄 안에 상황을 정확히 요약하고, 전달하려는 메시지를 담아야 합니다. 조선일보를 포함한 주요 신문에서는 사진기사가 신문의 1면을 장식할 정도로 시선을 끄는 역할을 합니다.

핵심은 육하원칙(5W1H)

사진기사도 일반 기사와 마찬가지로 육하원칙(언제, 어디서, 누가, 무엇을, 왜, 어떻게)에 따라 작성해야 합니다. 독자가 사진만 보고도 상황을 바로 이해할 수 있어야 하기 때문입니다.

묘사와 간결함의 균형이 필요

사진기사는 짧은 문장 안에 핵심 정보를 담아야 하므로, 문장은 간결하지만 묘사는 생생하게 해야 합니다. 또한 현장의 분위기나 감정을 담은 표현이 기사에 깊이를 더할 수 있습니다.

> **예시** "지난 3일 서울 여의도 윤중로에서 흩날리는 벚꽃 아래 시민들이 산책을 즐기고 있다."

사진기사 따라 쓰기의 효과

① 요약력이 길러집니다.

② 문장을 간결하게 쓰는 힘이 생깁니다.

③ 사진기사는 짧지만 정보와 감성, 현장감 있는 묘사가 모두 담겨 있습니다. 따라서 블로그나 인스타그램 등 소셜미디어 글쓰기 훈련에 도움이 됩니다.

이렇게 따라 써보세요

① 사진만 보고 육하원칙에 맞춰 어떤 내용이 들어가야 할지 고민해 보세요.

② 상황을 어떻게 표현했는지 집중하며 기사를 따라 써보세요.

③ 자신이 묘사한 문장과 사진 기사의 문장을 비교해 보세요.

026

개교 140주년,
파랗게 채운 연세대 축제

　24일 오후 서울 서대문구 연세대 노천극장에서 대학 축제가 열렸다. 연세대의 상징색인 파란색 옷을 입은 학생 1만여 명이 노천극장을 가득 메웠다. 올해 개교 140주년을 맞아 가수 싸이, 아이브, 다비치 등이 무대에 올랐다. 무대에서 공중으로 '물대포'를 쏘고 있다.

"개교 140주년, 파랗게 채운 연세대 축제" (장련성 기자, 2025년 5월 26일)

027

주식회사 대한민국 '함박웃음'

　20일 서울 주식시장에서 코스피가 3,000선을 넘었다. 2021년 12월 이후 3년 6개월 만이다. 1956년 한국 주식시장이 첫 거래를 시작한 지 두 번째 맞는 '코스피 3000' 시대다. 이날 장 마감 후 서울 중구 하나은행 딜링룸 현황판에 코스피 종가(3021.84)가 표시되어 있다.

"3년 반 만에 3000 벽 뚫었다" (이혜운 기자, 2025년 6월 21일)

1998년 거제 조선소 찾은 트럼프 부자

도널드 트럼프 미국 대통령과 장남 트럼프 주니어가 1998년 6월 경남 거제시에 있는 대우조선해양(현 한화오션) 옥포조선소를 찾았을 때의 모습. 트럼프 대통령은 당시 부동산 사업가로서 한국 내 '트럼프월드' 브랜드의 주택 사업 등과 관련한 투자 논의를 위해 처음으로 한국을 찾았다. 그는 그때 조선소의 상징이기도 한 높이 100m짜리 골리앗 크레인을 보고 '한번 올라가 보고 싶다'고 했고 실제 크레인 정상에서 "원더풀, 어메이징" 감탄사를 연발했다고 한다.

"트럼프가 콕 찍은 조선·LNG… 韓, 美 군함 만들고 알래스카 사업 검토" (조재희·최은경 기자, 2025년 4월 10일)

029

사라져가는 달… 개기월식 우주쇼

8일 밤 전국에서 관측된 개기월식 현상을 10여 분 간격으로 촬영한 6장의 사진을 한곳에 모아둔 모습. 이날 오후 6시 8분 달이 지구 그림자에 부분적으로 가려지기 시작했고, 오후 7시 16분에는 지구의 그림자에 달이 완전히 들어갔다. 개기월식은 태양·지구·달이 일직선으로 늘어서 달이 지구 그림자에 완전히 가려지는 현상이다. 개기월식 때 달은 평소보다 검붉은 빛을 띠어 '블러드문(blood moon)'으로 불린다. 이는 빛의 굴절 때문에 일어나는 현상이다. 지구 그림자가 달을 가려도 햇빛이 지구 대기를 통과하면서 굴절돼 일부가 달을 비추는데, 이때 파장이 짧은 푸른빛은 흩어지고 파장이 긴 붉은빛이 달에 도달해 붉게 보인다고 한다.

"사라져가는 달… 개기월식 우주쇼" (이덕훈 기자, 2022년 11월 9일)

030
화재에 지붕 녹아내린 이천 물류센터

　13일 오전 10시 29분쯤 경기도 이천시 부발읍에 있는 물류센터에서 큰불이 발생해 검은 연기가 치솟고 있다. 소방 당국은 소방차 등 92대와 소방관 270명을 투입해 6시간 만에 불을 잡았다. 물류센터에 있던 직원 등 178명이 대피했다. 인명 피해는 없는 것으로 파악됐다.

"화재에 지붕 녹아내린 이천 물류센터… 사상자는 없어" (장련성 기자, 2025년 5월 14일)

031

22년 전 대구의 교훈, 서울 지하철 참사 막았다

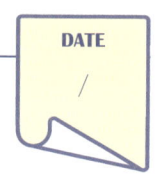

지난달 31일 오전 서울 지하철 5호선 열차에서 화재 사고가 발생했다. 2003년 '대구 지하철 참사'처럼 방화가 원인이었지만 사고 후 모습은 완전히 달랐다. 왼쪽 사진은 대구 참사 직후 열차 내부의 모습. 철제 뼈대만 남고 전소했다. 반면에 지하철 5호선 열차(오른쪽 사진)는 거의 불타지 않았다. 대구 참사 이후 객실 내부를 불에 잘 타지 않는 소재로 바꿔 불이 번지지 않았다. 기관사와 승객들 대응도 빨랐다.

"인명 피해 없이 끝난 5호선 방화" (박진성·구동완·김도연 기자, 2025년 6월 2일)

032 지구 사진 '블루 마블' 촬영 50년 후

미 항공우주국(NASA)이 공개한 '블루 마블(The Blue Marble)' 사진 연작. 왼쪽이 1972년 아폴로 17호 우주비행사들이 찍은 사진이고, 오른쪽은 2022년 인공위성이 촬영한 것이다. 22일 영국 포츠머스대 닉 피핀 박사가 두 사진을 분석한 결과에 따르면, 지난 50년간 남극의 빙하는 줄어들었고 사막은 확대됐다. 피핀 박사는 "빙하가 줄어들고 눈이 사라지는 등 빙권이 축소되는 것을 확인할 수 있다"며 "이는 기후 변화의 주요 지표"라고 했다. 또 사하라 사막 인근 지역의 삼림이 사라지며 아프리카 대륙의 붉은 부분이 확대된 것으로 확인됐다.

'블루 마블'은 지금까지 인간이 지구 전체를 직접 카메라에 담은 유일한 사진이다. 지구 상공 약 400㎞에 있는 ISS(국제우주정거장)는 지구와 가까워 우주비행사들이 찍어도 지구 전체 모습을 담을 수 없다.

"지구 사진 '블루 마블' 촬영 50년 후… '빙하 줄고 사막 커졌다'" (김효인 기자, 2025년 4월 24일)

어느 나라 대학일까?
여기는 대한민국

　28일 부산 남구 국립 부경대 대연캠퍼스 대학극장에서 열린 2025학년도 1학기 외국인 신입생 오리엔테이션에서 외국인 신입생들이 K팝 음악과 태권도 격파를 결합한 공연을 보며 놀라워하고 있다. 올해 부경대에 총 3,608명이 신입생으로 입학한 가운데 중국, 베트남, 인도네시아, 일본, 러시아, 네덜란드 등 39국 460명의 외국인 학생들도 함께 학부-대학원 입학과 교환학생, 어학연수, 복수 학위 등 과정을 시작한다.

"어느 나라 대학일까?… 여기는 대한민국" (김동환 기자, 2025년 3월 1일)

034 인천공항 '유심 교체' 북새통

　30일 오전 인천국제공항 제1여객터미널 SK텔레콤 로밍센터에 출국을 앞두고 유심을 교체하려는 사람들이 몰리면서 긴 줄이 생겼다. SK텔레콤은 이번 해킹 사고 때 소극적으로 대처하면서 결과적으로 고객 불편을 키웠다는 비판을 받고 있다. 지난 29일까지 일주일 동안 SK텔레콤에서 KT나 LG유플러스로 통신사를 바꾼 사람만 9만 명에 육박한다.

"실패학 교과서 된 SKT '유심 해킹 사태'" (김봉기·이기우·김도연 기자, 2025년 5월 1일)

035

한국판 타임스스퀘어 만든다, 첫발 뗀 '광화문스퀘어'

코리아나 호텔 외벽에 설치돼 운영 중인 대형 전광판에 매시간 아기 호랑이 '수호'가 등장해 시민들 눈길을 사로잡고 있다. 디지틀조선일보가 전광판에 선보인 미디어 아트다. 특정 각도에서 입체감을 주는 일종의 착시 기법인 3D 아나모픽 기법이 적용됐다. 그 결과 가로 22m, 세로 60m 크기의 초대형 영상에서 호랑이가 실제로 뛰쳐나올 것 같은 영상이 나온다.

"한국판 타임스스퀘어 만든다, 첫발 뗀 '광화문스퀘어'" (박진성 기자, 2025년 5월 30일)

036

조선시대 화가 옷 입고 찰칵

　9일 밤 서울 종로구 경복궁에서 '궁중문화축전'이 열렸다. 조선시대 관청인 '도화서' 화원 복장을 한 축제 자원봉사자들이 기념사진을 찍고 있다. 궁중문화축전은 매년 봄가을 경복궁, 창덕궁, 창경궁, 덕수궁 등 서울 시내 궁궐에서 열리는 문화·예술 축제다. 올해 10주년을 맞았다. 이번 축제는 13일까지 열린다.

"조선시대 화가 옷 입고 찰칵… 경복궁 궁중문화축전" (고운호 기자, 2024년 10월 10일)

037

해무·바다·마천루가 빚은 해운대의 장관

　　18일 오전 부산 해운대해수욕장 일대에 해무가 낀 모습. 우리나라에서 둘째로 높은 엘시티 건물이 해무에 둘러싸여 있다. 해무는 찬 바닷물과 뜨거운 공기가 만나면 잘 생긴다. 국립수산과학원은 최근 부산 기장 앞바다에 올해 첫 '냉수대(찬물 덩어리)'가 발생했다고 밝혔다.

"해무·바다·마천루가 빚은 해운대의 장관" (김동환 기자, 2025년 6월 19일)

038

40년 된 가락시장의 뒤늦은 변신

　지난 5일 오후 10시 서울 송파구 가락시장 채소2동 경매장에서 양배추 경매가 진행되고 있다. 경매가 마무리된 지 30여 분 만에 양배추 거래량, 거래액, 출하 산지 등을 농수산식품공사 유통 정보 홈페이지에서 확인할 수 있었다. 올해 40주년을 맞는 가락시장은 최근 급변하는 유통 환경을 반영해 이 같은 변신을 본격적으로 시작했다.

"'1조 투입'… 40년 된 가락시장의 뒤늦은 변신" (석남준 기자, 2025년 6월 16일)

039
부산 밤바다 수놓은 불꽃

　9일 밤 부산 광안리 앞바다에서 '제19회 부산불꽃축제'가 열렸다. 화려한 불꽃이 밤바다를 밝히고 있다. 전국에서 관람객 103만 명이 찾아와 광안리 해변 등을 가득 메웠다. 올해 불꽃쇼는 예년과 달리 광안대교를 비추는 조명이 꺼진 상태에서 진행됐다. 부산시 측은 "불꽃쇼가 시작하기 직전 10대 3명이 갑자기 상황실 텐트 안으로 들어왔다가 쫓겨났는데 그 과정에서 광안대교 조명 케이블이 파손됐다"고 밝혔다.

"부산 밤바다 수놓은 불꽃, 103만 명 방문" (김동환 기자, 2024년 11월 11일)

040

벌써 산타가 왔어요

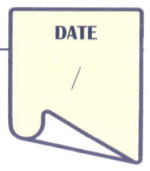

　3일 광주광역시 북구청에 산타클로스 인형이 설치됐다. 청사 외벽을 타고 오르는 모습이다. 사람들이 인형을 보며 즐거워하고 있다. 광주광역시 북구는 크리스마스 시즌을 맞아 오는 31일까지 산타클로스 인형을 내걸 예정이다.

"벌써 산타가 왔어요" (김영근 기자, 2024년 12월 4일)

041

21세기 '왕의 서고' 열렸다

　외규장각 의궤 표지들이 서고에 꽂힌 형태로 재현된 도입부에서 한 관람객이 표지를 살펴보고 있다. 초록 비단으로 만든 '책의(冊衣)'를 디지털로 구현해 왕의 서고에 문을 열고 들어가는 느낌으로 연출했다.

"종이책 같은 디지털책… 21세기 '왕의 서고' 열렸다" (허윤희 기자, 2024년 11월 27일)

외규장각 의궤

의궤는 조선시대에 왕실의 결혼, 장례, 각종 잔치 등을 글과 컬러 그림으로 생생하게 기록한 책이다. 외침에도 끄떡없이 왕실 서적을 보관할 목적으로 1782년 정조의 명으로 강화도에 외규장각을 짓고 의궤를 보관했지만, 1866년 병인양요 때 프랑스 군대가 약탈해 갔다. 2011년 145년 만에 고국에 돌아왔다.

042

몰디브에서 모히토?

① 해변에서 어린아이와 패들보드를 타며 바다를 즐기고 있는 가족.

② 한 커플이 뜨거운 햇살을 피해 섬 한가운데 야자수 숲길을 걷고 있다.

③ 프라이빗 백사장을 품고 있는 객실. 주변은 모두 산호가 훤히 보이는 맑은 바다.

④ 몰디브식 특제 소스를 곁들여 먹는 소고기 요리.

"몰디브에서 모히토? 자본주의의 맛에 놀랐다" (최연진 기자, 2025년 4월 12일)

043

광화문광장에서
딱지맨과 딱지치기 대결

　6일 오후 서울 종로구 광화문광장에서 넷플릭스 드라마 '오징어게임' 체험 행사가 열렸다. 한 어린이가 '오징어게임'에 등장하는 '딱지맨'과 딱지치기 대결을 하고 있다. 폭염 속에도 관광객들이 행사장을 가득 메웠다. 서울시와 넷플릭스는 지난달 28일부터 이날까지 광화문광장 등에서 '2025 K콘텐츠 서울여행주간' 행사를 열었다.

"광화문광장에서 딱지맨과 딱지치기 대결" (오종찬 기자, 2025년 7월 7일)

044

올림픽대로 '도로 위 미술관'

국립현대미술관은 서울 올림픽대로 여의도~노량진 구간에 신설된 디지털존을 통해 지난 1일부터 '도로 위 미술관'을 선보이고 있다. 서울시 내 대로 중 교통량이 가장 많은 올림픽대로에서 다양한 현대미술 콘텐츠를 펼침으로써 하루 평균 약 24만 대의 차량 운전자들에게 일상 속 예술 향유의 기회를 제공한다는 취지다.

첫 콘텐츠는 사전 대국민투표를 통해 선정된 미술관 소장품이다. 대형 디지털 전광판 6기를 통해 장욱진, 서세옥, 김상유, 황규백, 이제창, 주경 작가의 명작을 볼 수 있다. 이후엔 한국화 소장품과 미술관에서 진행 중인 전시 등을 선보일 예정이다.

"차 막힐 땐 그림 감상하세요… 올림픽대로 '도로 위 미술관'" (허윤희 기자, 2025년 7월 14일)

045

미래 향한 발차기…
특수부대 입시 학원 등장

7일 오후 경기 수원의 한 수영장에서 특수부대 입시 전문 학원 수강생들이 복근 강화 훈련을 하고 있다. 해군 특수전전단(UDT)이나 해군 해난구조전대(SSU) 등 특수부대 입대 시험을 준비하는 수강생들이다. 요즘은 이런 특수부대 입대 준비 학원까지 등장했다.

"미래 향한 발차기… 특수부대 입시 학원 등장" (고운호 기자, 2024년 10월 8일)

046

외국인 몰리는 '라면 도서관'

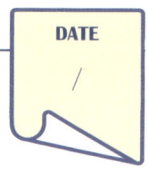

서울 마포구 홍대 앞의 한 편의점. 책이 빼곡히 들어찬 도서관처럼 한쪽 벽면이 라면 230여 종으로 가득 채워져 있다. 그래서 이름도 '라면 라이브러리'다. 컵라면 모양 시식대에서는 미국과 홍콩에서 온 외국인 관광객들이 즉석 조리대에서 끓인 라면을 맛보고 있다.

"한국 라면 여기 다 있네… 외국인 몰리는 '라면 도서관'" (오종찬 기자, 2024년 3월 2일)

전교생이 책 읽고 필사에 빠져…
"글짓기 하면 합천여중" 125명이 상 탔다

2년 전 독서동아리 만들며 변화
전교생이 책 읽고 필사에 빠져 졸업 문집 만들고 시화전까지

지난달 경남 합천여중 도서관. 점심시간인데 학생 20명이 책을 펴놓고 토론하고 있었다. 이 학교는 요즘 경남에서 새로운 '글짓기 명문'으로 통한다. 지난해 전교생 158명 중 125명(중복 포함)이 전국의 크고 작은 글짓기 대회에서 상을 탔다. 학생 10명 중 8명이 글짓기 대회 수상자인 셈이다. 경남교육청 관계자는 "경남에서 제일 눈에 띄는 성과를 내고 있어 비결이 뭔지 주목하고 있다"고 했다. 지역에선 "해마다 인구가 줄어 '지역 소멸' 위기에 빠진 합천에서 새 희망을 찾았다"는 말이 나온다.

합천여중이 '글짓기 명문'이 된 건 2023년 부임한 국어 교사 김수선(33)씨가 독서 동아리 '무궁무진'을 만들면서다.

"'심심한 사과'를 '지루한 사과'로 알거나 '혼숙'을 '혼자 숙박'으로 이해하는 아이들이 많은 시대잖아요. 난독(難讀) 문제를 해결하기 위해 독서 동아리를 만들었어요."

무궁무진이란 이름은 교화인 무궁화와 '아이들의 잠재력은 끝이 없다'는 뜻을 담았다. 처음에 20명이 모였다. 학생들은 매주 금요

Story 02

일 1시간 일찍 등교해 김씨와 함께 <동물농장> <오만과 편견> <허생전> <구운몽> 등을 읽고 글을 썼다.

김씨가 강조한 건 책을 손으로 베껴 쓰는 필사(筆寫)였다. 김씨는 "필사를 하면 좋은 문장의 의미를 새롭게 느낄 수 있고 작법도 배울 수 있다"고 했다.

그해 5월 동아리 학생 15명이 경남청소년문학대상에 출전해 3명이 상을 탔다. 당시 3학년이었던 김나현 양이 2등상인 북돋움상을 탔다. 학교는 정문에 수상자들 이름을 쓴 플래카드를 내걸었다.

도서관은 입시생 대신 작가를 꿈꾸는 아이들로 붐볐다. 밤 11~12시까지 불을 밝혔다. 학교는 아이들을 위해 신간 200권을 구입했다.

학교 안에 글쓰기 바람이 불었다. 작년 4월 '세계 책의 날'엔 1년 동안 읽은 책을 놓고 퀴즈 대회를 열었다. 수상자가 늘어나면서 수상작을 전시하는 시화전도 열었다.

'근화수기'라는 졸업 기념 문집도 내기 시작했다. 졸업생들이 쓴 글귀를 모은 것이다. 문성국 교장은 "요즘처럼 학교가 시끌벅적한 건 처음"이라며 "제일 감동적인 건 쉬는 시간에 휴대전화를 보는 대신 책을 읽는 아이들이 많아졌다는 것"이라고 했다. 그는 "우리 학교에서 한강 작가 같은 노벨문학상 수상자가 나올지도 모르겠다"고 했다.

_ 김준호 기자, 2025년 4월 10일

문장과 문장을 이어 논리의 흐름을 만들어냅니다.
중간 길이의 글을 따라 쓰며 생각을 정리해봅니다.

PART 3

중문 따라 쓰기
: 논리적 글쓰기의 기본 배우기

생각을 구조화하는 글쓰기
: 정보를 연결하고, 설득력 있게 표현하는 법

중문 글쓰기란?
중문은 1개 문단(3~5문장) 또는 2개 문단 안에 하나의 생각을 완결 짓는 글입니다. 글의 중심 소재를 설명하고, 논리적으로 전개하는 데 적당한 길이죠. 기사, 리포트, 자기소개서, 제안서 등 대부분의 실용 글이 이 '중문' 구조를 기반으로 합니다.

중문 필사, 어디에 좋을까?
① 생각을 정리하고 설득하는 힘: 논리적인 글쓰기는 곧 '타인을 이해시키는 힘'입니다. 말이 아닌 글로 설득하는 방법을 익히게 됩니다.
② 자료와 생각을 연결하는 법: 기사 속 정보는 단순 나열이 아니라 연결된 이야기입니다. 이 흐름을 따라가며 쓰면, 글 전체의 짜임새가 좋아집니다.
③ 제안서, 논술 준비까지: 입시, 취업, 업무 등에서 많이 쓰이는 문장이 바로 중문입니다. 실전 활용도가 높은 필사입니다.

중문, 어떻게 쓸까?

좋은 중문은 단지 문장이 연결된 덩어리가 아니라, '생각의 흐름'이 짜임새 있게 구성된 짧은 완결 글입니다. 이를 위해선 시작-마무리의 흐름이 명확해야 하죠.

이 책에서는 중문을 세 단계로 나누어 훈련합니다.

① '글을 흥미롭게 시작하는 방법'에서는 독자의 주의를 끌 수 있는 첫 문장을 쓰는 연습을 합니다.
② '논리적으로 생각을 정리하기'에서는 주제에 맞게 정보를 나열하고, 연결하는 문장 구조를 익힙니다.
③ '글을 효과적으로 마무리하기'에서는 글 전체를 정리하고 여운을 남기는 문장 구성법을 배웁니다.

이 세 단계를 따라가며 필사하다 보면, 생각을 논리적으로 펼치는 힘과 짜임새 있는 문단 구성 능력을 키울 수 있습니다.

글을 흥미롭게 시작하는 방법
주제를 제시하며 독자의 관심을 끌어내기

글을 살리는 단 한 줄, 첫 문장의 힘

글의 첫 문장은 독자의 발걸음을 멈추게 만드는 '입구'입니다. 수많은 문장 사이에서 이 문장을 읽고 나머지를 계속 읽을지, 그냥 넘길지를 독자는 단번에 결정하죠. 첫 문장은 정보를 전달하는 동시에, 독자의 궁금증을 자극하거나 감정을 건드릴 수 있어야 합니다. 의외의 사실, 단호한 선언, 질문, 생생한 이미지 하나가 독자의 시선을 사로잡습니다. 첫 줄이 살아 있어야 글 전체가 살아납니다.

(예시) "교황의 묘비명은 단 세 글자였다."

시작 문장 따라 쓰기의 효과
① 글의 '첫 문장'에 자신감이 생깁니다.
② 독자의 관점에서 글을 쓰는 훈련이 됩니다.
③ 핵심 메시지를 빠르게 요약하는 능력이 길러집니다.

이렇게 따라 써보세요

① 첫 문장을 읽고, 왜 이 문장이 '시선을 끄는지' 생각해 보세요.

② 같은 내용을 다른 방식으로 시작해 보며 표현력을 키워보세요.

③ '질문형' '숫자형' '명언 활용형' 등 다양한 기법을 활용해 보세요.

첫 문장을 잘 쓰기 위한 팁

① 의외의 사실로 시작해 보세요.

"하루 8시간 이상 자는 것은 수명을 단축하는 지름길이다."

② 질문으로 독자의 생각을 깨워보세요.

"당신이 쓴 글, 첫 문장을 읽고 몇 명이 떠났는지 아시나요?"

③ 짧고 강하게 던져보세요.

"나는 오늘 실패했다."

047

日 내수 부양시킨 韓 임시 공휴일

정부가 내수 활성화를 위해 임시 공휴일을 지정했는데 기대했던 국내 소비는 안 늘고 해외여행만 늘었다는 보도가 나왔다. 실제로 올 1월 설 연휴에 임시 공휴일을 지정해 6일간의 황금연휴를 만들었는데 1월 해외 출국자 수는 7.3% 늘고, 제주 관광객 숫자는 12%나 감소해 100만 명 밑으로 내려갔다. 설 연휴 국내 신용카드 사용액도 도리어 34% 감소했다.

"日 내수 부양시킨 韓 임시 공휴일" (강경희 기자, 2025년 5월 15일)

048

대담한 'IMF 영웅' 박세리

　박세리는 바위 같았다. 철벽처럼 단단해서 냉기마저 감돌았다. "위기가 닥치면 더욱 담담해진다"고 했다. 미국 LPGA '전설'이 된 이유다.

　지난달 아시안리더십컨퍼런스(ALC)에서 만난 박세리는 "내 인생이 27년 전 그날처럼 다시 물웅덩이에 빠져도 0.00001%의 가능성에 도전할 것"이라고 했다. IMF 때만큼이나 힘겹다는 국민에겐 "모두가 끝이라고 할 때가 다시 시작할 때"라며 응원했다.

"다시 IMF? 끝은 새로운 시작… 장갑 벗기 전엔 모른다" (김윤덕 기자, 2025년 6월 9일)

049

서구 트렌드 '미스터리 여행'

　이것은 007 작전인가, 납치극인가. 어디 가는지도 모르고 비행기를 타라니. 그런데 이런 '미스터리 여행'이 해외에서 유행 중이다. 내놓는 족족 완판이다.

　이달 초 덴마크 스칸디나비아항공(SAS) 국적기가 코펜하겐을 이륙해 '유럽 내 미상의 목적지'로 출발했다. 왕복 티켓은 4분 만에 동났다. 승객은 물론 기장단을 제외한 승무원들도 도착지를 몰랐다.

　착륙해보니 스페인의 중세 도시 세비야. 여행객들이 소셜미디어에 후기를 쏟아냈는데, 3박4일의 세비야 관광보다는 '공항과 기내에서 얼마나 설레고 흥분됐는지'가 주를 이뤘다.

　SAS가 지난해 이 항공권을 처음 출시했을 때도 180명 모집에 6,000명이 몰렸다. 승객들은 "섭씨 20도의 기후에 대비, 수영복을 가져오라"는 힌트만 받았다. 당시 행선지는 그리스 아테네였다.

"어디로든 날 데려가줘"… 목적지 모르는 채 비행기 타는 사람들" (정시행 기자, 2025년 4월 26일)

'밀가루 혁명'의 도시 대전…
칼국수 왕중왕은?

대전의 칼국수 사랑은 유별나다. 성심당 때문에 '빵의 도시'로 알려졌지만, 끼니로는 칼국수를 훨씬 많이 먹는다. 성심당을 운영하는 '로쏘'의 임선 이사는 "일주일에 2~3번은 칼국수를 먹는다"고 했다. "제 주변 대전 사람들은 다 그래요."

대전이 '칼국수의 도시'라는 건 통계로 입증된다. 대전세종연구원이 전국 칼국수·빵 가게 숫자를 조사한 결과, 2023년 말 기준 대전의 칼국숫집은 700개가 넘는다. 인구 1만 명당 5개꼴로, 서울(3개)·부산(3.9개)·대구(4.5개) 등 7개 특별시·광역시 중 가장 많다. 대전에는 일반 음식점이나 분식집도 칼국수를 팔아 실제 칼국수 외식업장은 1,000개가 넘을 것으로 추정된다.

"음식·외식 전문가가 뽑은 대전 칼국수 베스트 10" (김성윤 기자, 2025년 6월 7일)

051

분리 배출 스트레스

　지인이 며칠 전 고구마를 먹다가 부부 싸움을 할 뻔했다. 고구마를 먹고 무심코 껍질을 버렸더니 아내가 "음식을 일반 쓰레기봉투에 넣으면 과태료를 물 수 있다"고 질책했기 때문이다. 실제 인터넷엔 쓰레기 분리를 잘못해 과태료 청구서가 날아왔다는 불만이 적지 않게 올라와 있다. 해당 구청은 "쓰레기봉투에 소량의 고구마 껍질이 들어 있다고 과태료를 부과하진 않는다"고 했지만 쓰레기 또는 재활용 분리 스트레스가 적지 않게 퍼져 있는 것은 사실이다.

"분리 배출 스트레스" (김민철 기자, 2025년 5월 6일)

052

목욕탕을 통째로 빌린다고?
'1인 세신숍' 인기

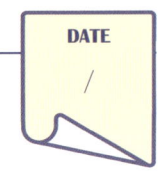

'목욕탕은 며칠에 한 번씩 가는 게 맞는지 다음 보기 중에서 고르시오.' 놀라지 마시라. 1970년대 도덕 과목 시험 문제다. 정답은 '일주일에 한 번'이다.

이태리 타월 발명(1962년)과 목욕탕 간 거리 제한제 무효화(1963년)로 급증해 1970년대 부흥한 대중목욕탕은 코로나 팬데믹을 거치며 급감했다. 치솟는 집값에 화장실 공간마저 아까운 사람들은 욕조 대신 샤워 부스를 들인다. 매일같이 헬스장 드나드는 젊은 층은 씻는 것마저 그곳에서 해결한다. 목욕업의 쇠락이다.

"대중목욕탕 대신 '나 홀로 목욕'이 유행" (이미지 기자, 2025년 5월 24일)

053

아침 7시, 카페가 클럽 됐다

서울 한남동의 한 카페에 둠칫둠칫, 클럽 음악이 울려 퍼지기 시작했다. 오전 7시였다. 테이블과 의자를 다 치우자 영락없는 댄스홀. 일찍 출근한 DJ가 미국 밴드 더 트램스의 'Disco Inferno'를 얼큰하게 말아주며 텐션을 끌어올렸다. "커피 받아가세요!" 매대에서 아이스 아메리카노와 말차를 받아든 사람들이 하나둘 DJ 근처로 모여들어 몸을 흔들기 시작했다. 선글라스에 색색의 두건까지 두른 멋쟁이 300명이 종이컵을 홀짝이며 '토요일 밤의 열기'를 연출했다. 그러나 다시 말하지만, 토요일 이른 아침 풍경이다.

"아침 7시, 카페가 클럽 됐다… 모닝커피 마시며 댄스 삼매경" (정상혁 기자, 2025년 7월 12일)

054

옷 한 장 살 돈으로
세계 빈곤 구할 수 있다

여기 윤리적 딜레마가 있다. 출근길, 당신은 어린아이가 작은 연못에 빠진 것을 본다. 주위엔 아무도 없다. 지금 물에 뛰어들지 않으면 아이는 죽을 수 있다. 물에 들어가는 게 위험하진 않다. 다만 새 신발과 양복이 젖고, 옷을 갈아입고 나면 지각할 것이다. 자, 이제 어떻게 할 것인가?

호주 출신으로 '지구상에서 가장 영향력 있는 살아있는 철학자'(미국 〈뉴요커〉)로 꼽히는 피터 싱어 프린스턴대 생명윤리학 석좌교수는 강의 첫 시간 늘 이 질문을 던진다. 학생들 답은 한결같다. "구해야 한다." "신발이나 지각은?" "그런 건 대수롭지 않다." 싱어 교수는 묻는다. "지금 당신이 놓인 상황도 마찬가지다. 의류비나 외식비처럼 꼭 필요하지 않은 것에 돈을 쓰느라 효과적인 자선 단체에 기부하지 않음으로써, 당신이 구할 수 있었던 아이를 그냥 내버려두는 것 아닐까?"

"《빈곤 해방》, 생명윤리학자 피터 싱어 프린스턴대 교수" (남정미 기자, 2025년 4월 26일)

055

없어서 못 먹는 일본산 말차

앞으로 일본산 '말차'를 구하기가 어려워질 수도 있다. 최근 '엔저'로 일본을 찾는 외국인 관광객들이 '초록빛깔' 말차의 매력에 빠지면서, 공급이 부족해진 탓이다.

지난 5일 영국 일간지 가디언은 최근 일본산 말차의 공급이 수요를 따라가지 못하고 있다면서 "빛나는 녹색 가루의 행진이 계속되고 있다"고 보도했다. 말차는 녹차 잎을 갈아 만든 '가루형 녹차'를 의미한다. 말차는 일본에서만 생산되는 것은 아니지만 독특한 기후와 지형, 장인 정신으로 재배된 일본산이 고급 상품으로 꼽힌다.

"없어서 못 먹는 일본산 말차" (유재인 기자, 2025년 4월 8일)

056

고령자들, 20년 이상 보유 아파트 팔기 시작했다

30년 가까이 서울 강남구 대치동 은마아파트에 살던 최모(68) 씨는 최근 집을 팔았다. 매도 대금으로 28억 원 정도의 현금을 마련한 최 씨는 송파구의 20평형대 아파트를 17억 원에 사서 이사했다. 남편과 함께 국민연금을 매달 170만 원씩 받지만, 이것만으로는 노후 생활이 어려워 아파트를 처분한 것이다. 최씨는 "대치동 아파트를 계속 보유하고 싶었지만, 당장 생활비가 모자라 어쩔 수 없었다"고 했다.

"생활비 충당하려… 고령자들, 20년 이상 보유 아파트 팔기 시작했다" (황규락·이태동 기자, 2025년 6월 19일)

057

"북어야, 손님들 쓰린 속 풀어드리자"

　맑고 부드러운 북엇국 하나만 파는 곳이다. 그런데 이른 아침부터 저녁까지 광화문 일대 직장인들이 줄을 선다. 서울 중구 '무교동북어국집'. 1968년에 창업했으니 환갑을 바라본다. 그 긴 세월 동안 수많은 월급쟁이의 쓰린 속을 풀어주고 달래온 노포. 전국에 50년을 넘긴 노포가 꽤 있지만 메뉴 하나만으로 버텨온 식당은 매우 드물다.

　그러니까 이 집에선 뭘 먹을지 고민할 필요가 없다는 말이다. 자리에 앉으면 식탁에 북엇국이 자동으로 놓인다. "맥도날드 햄버거보다 빠른 속도"라며 손님들은 감탄한다. 순한 국은 한우 사골과 북어 뼈로 밑국물을 잡아 담백하고 북어 살이 넉넉히 들어서 배를 채워준다. 보드라운 두부와 매끈한 줄달걀을 국물과 함께 떠 상한 속에 밀어 넣다 보면 이마에 땀이 나고 위가 다정해진다. 해장 끝.

"북어야, 손님들 쓰린 속 풀어드리자'… 새벽마다 작두질하는 남자" (김성윤 기자, 2025년 4월 26일)

058

교황의 묘비명

죽은 이의 삶을 기록하는 묘비명은 미라를 만들던 고대 이집트 때부터 있었다. 망자의 나이와 관직, 이름을 적었다. 로마인들은 묘비명에 망자의 삶도 담고자 했다. 눈길 끄는 문장이나 시로 인생을 축약했다. 오가는 사람들이 묘비명을 읽고 고인을 오래 기억하도록 묘를 붐비는 길가에 썼다.

묘비명 작성엔 문학적 함축과 은유, 기발한 아이디어가 동원된다. 심지어 문장을 쓰지 않기도 한다. 원주율을 소수점 이하 35개까지 계산한 네덜란드 수학자 뤼돌프 판쾰런의 묘비명은 그가 계산해 낸 원주율 숫자다. 가수 휘트니 휴스턴의 묘비명은 'THE VOICE'다. 그녀의 팬들은 정관사 'the'를 붙임으로써 휴스턴의 목소리가 해와 달처럼 유일하다는 찬사를 바쳤다. '로마의 휴일'에서 열연한 배우 그레고리 펙 부부의 묘비명엔 애틋한 부부의 정이 담겼다. 펙의 아내는 남편 사후 9년 뒤 눈을 감으며 합장할 것과 '영원히 함께'란 묘비명을 새기라고 유언했다.

"교황의 묘비명" (김태훈 기자, 2025년 4월 23일)

059

안 가본 데 꽂힌 여행객

　서울 마포구에 사는 강재현 씨는 최근 친구와 함께 3박 4일간 일본 여행을 다녀왔다. 그가 향한 곳은 도쿄나 오사카 같은 유명한 관광도시가 아닌, 일본 중북부에 위치한 인구 40만 명 남짓의 조용한 도시 '도야마'와 '가나자와'였다. 강씨는 "일본 대도시는 워낙 한국인 관광객이 많은데, 일본의 분위기를 더 온전히 느낄 수 있는 독특한 곳을 가보고 싶었다"고 말했다.

"안 가본 데 꽂힌 여행객… 항공사들 소도시 직항 띄운다" (한예나 기자, 2025년 4월 3일)

060

미국·영국 정치인은 양말로 '외교'

"이 양말 마음에 드는데? 도대체 뭐지? 집중하려고 해도 양말이 너무 인상적이잖아." 지난달 12일 미국 백악관에서 열린 도널드 트럼프 대통령과 미할 마틴 아일랜드 총리의 정상회담. "인플레이션에 대해 한마디 해야겠다"던 트럼프 대통령이 돌연 JD 밴스 부통령에게 시선을 돌려 이렇게 말했다. 집무실 곳곳에서 폭소가 터졌다.

이날 밴스는 아일랜드를 상징하는 샘록(세잎 클로버) 무늬 양말을 착용했다. '양말 외교'의 일환이라며 "미국과 아일랜드의 관계를 공고하게 하기 위해서"라고 설명했다. 아일랜드의 대미 무역 흑자에 불만을 토로하며 경직될 수도 있던 회담장 분위기는 그 양말 덕분에 화기애애하게 마무리됐다.

양말이 넥타이를 대신해 남자의 개성을 드러내거나 옷차림에 유머를 더하는 소품으로 부상했다. 정치인들은 메시지나 신념을 드러내거나, 어색함을 누그러뜨리기 위한 아이스브레이커(icebreaker)로 양말을 활용한다. 패션 컨설턴트 이헌씨는 "남자들이 정장을 점점 덜 입고, 입더라도 넥타이를 매지 않으면서 과거에 넥타이가 하던 역할이 양말로 내려갔다"고 말했다.

"화려해진 정치인 양말, 이젠 양말이 정치다" (김성윤 기자, 2025년 4월 12일)

논리적으로 생각을 정리하기
생각의 흐름을 조리 있게 전하는 법

왜 논리적인 전개가 필요한가?

글은 생각을 '순서 있게 보여주는 도구'입니다. 아무리 좋은 정보라도 나열만 해선 전달이 어렵습니다. 중문 필사를 통해 생각을 논리적으로 배열하고, 문장과 문장 사이를 연결하는 훈련을 할 수 있습니다.

핵심은 '하나의 메시지'를 중심으로 펼치기

중심 문장이 있어야 하고, 그 주제를 보완하는 부연이 따라야 합니다. 논리 전개에는 나열(첫째, 둘째), 비교(반면에), 인과(왜냐하면), 전환(하지만) 등의 연결어가 큰 역할을 합니다.

> 예시 "최근 '텍스트힙' 열풍이 불고 있다. 짧은 문장으로 감정을 표현하는 방식이 젊은 세대에게 인기다. 기존 SNS 글보다 간결하면서도 깊은 감정을 담을 수 있기 때문이다."

논리 전개 따라 쓰기의 효과

① 문단 구성 감각이 생깁니다.
② 인과 관계나 비교, 전환 표현을 익힐 수 있습니다.
③ 글 전체 흐름이 매끄러워집니다.

이렇게 따라 써보세요

① 중심 문장을 직접 뽑고, 나머지 문장이 어떻게 그것을 뒷받침하는지 살펴보세요.

② 각 문장이 어떤 논리 구조(원인-결과, 주장-예시 등)인지 분석해 보세요.

논리적으로 글을 쓰기 위한 팁

① 문장 순서를 바꾸며 글을 써보세요. 글이 매끄럽지 않다면 중심 문장과 부연 문장의 위치를 바꿔보세요. 글의 설득력은 때로 순서 하나로 결정됩니다.

② '하나의 주장' + '여러 개의 근거'로 문단을 만들어보세요. 주장이 단단해야 근거도 설득력을 가집니다. 근거는 1개보다는 2개 이상으로 적어보세요.

③ 주장을 바꿔가며 다시 써보세요. 찬성과 반대의견을 바꿔가며 써보세요. 세상에 다양한 관점이 있다는 것을 배울 수 있습니다.

061

우주에서 생선 양식

　인류는 우주 이민의 꿈을 이루기 위해 의식주 해결 연구에 한창이다. 2027년 달 착륙 때 입을 우주복은 이탈리아 패션 브랜드 프라다와 미 우주 기업이 개발 중이고, 블록 완구로 유명한 레고그룹과 유럽우주국(ESA)이 운석의 부스러기 등을 재료로 활용해 달 기지 건설용 우주 벽돌을 개발하는 데 성공했다. 의식주가 다 중요하지만 특히 식량 조달은 장기 거주에 가장 시급한 숙제다. 지금처럼 우주 가공식품을 실어 나르거나, ISS(국제우주정거장)에서 소규모 재배하는 방식으로는 많은 인원이 달과 화성에서 장기간 먹고살 수 없기 때문이다. 프랑스 국립해양과학기술연구소 연구진이 우주에서 농어 알이 부화해 자랄 수 있다는 실험 결과를 발표했다. 우주에서 농어를 양식할 가능성을 보여준 것이다.

"우주에서 생선 양식" (곽수근 기자, 2025년 5월 3일)

062

"부자로 죽는 것은 불명예"

　이기적 유전자를 타고난 인간이 왜 기부라는 선행을 할까. 진화생물학자들이 찾아낸 답은 인간 유전자에 '호혜적 이타주의'가 새겨져 있다는 것이다. 원시시대에 인류는 집단을 형성하지 않으면 멸종에 처할 약한 존재였다. 인간보다 더 크고 빠른 포식자로부터 살아남으려면 '공동체'라는 울타리가 필요했다. 내가 가진 음식을 나눠주면, 내가 음식을 구하지 못했을 때 다른 사람들이 나에게 음식을 나눠줄 것이란 믿음이 '이타주의'를 이끌어내고, 이것이 인류의 멸종 방지 장치라는 것이다.

"부자로 죽는 것은 불명예" (김홍수 기자, 2025년 5월 10일)

063

450년 전 과학자가 알려준 2032년 소행성 충돌 위험

케플러는 움직이는 천체는 타원·포물선·쌍곡선 등 세 가지 가운데 한 궤도를 돈다고 주장했다. 지구가 원에 가까운 타원 궤도를 도는 식이다. 케플러는 1609년 발표한 신천문학(Astronomia Nova)을 비롯한 여러 책에서 천체의 궤도를 예측하는 '케플러 방정식'을 발표했다. 초보적인 광학 망원경뿐이던 케플러와 갈릴레이의 시대는 수백 년간 기술적 발전을 거듭해 거대 우주 망원경의 시대가 됐지만, 케플러 방정식은 여전히 천체의 움직임을 가장 정확하게 예측할 수 있는 강력한 수단의 위치를 굳건히 지키고 있다.

미 항공우주국(NASA)은 2009년 생명체가 살 수 있는 외계 행성 탐사를 위한 망원경을 발사하며 케플러의 이름을 붙였다. 인류 최고의 숙제를 풀려는 도전이 케플러의 업적처럼 위대한 결과로 이어지길 기원한 것이다.

"450년 전 과학자가 알려준 2032년 소행성 충돌 위험" (박건형 기자, 2025년 2월 25일)

064

골프도 매 홀 다시 시작한다

    골프는 본래 실수의 경기다. 인간은 기계가 아니다. 완벽한 샷은 신기루에 가깝다. 정말 중요한 건 실수 이후 자세다. 골프가 인생과 닮았다면 이런 점 때문일 것이다. 잘 치는 것보다 더 숭고한 건 잘 버텨내는 것이다. 선수는 18홀을 도는 내내 끊임없이 자신과 대화한다. 눈앞 벙커보다 두려운 건 마음속 소음이다. '멘털'이라 불리는 내면의 근육은, 위기의 순간 실체를 드러낸다. 운명의 신은 바로 그 내면의 목소리에 귀를 기울인다.

"골프도 매 홀 다시 시작한다" (이위재 기자, 2025년 4월 21일)

065

고무장갑은 재활용?
종량제봉투에 버리세요

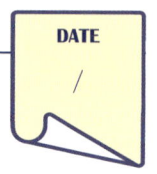

　서울시가 구(區)마다 제각각이던 쓰레기 배출 기준을 통일해 16일부터 시행한다고 밝혔다. 예를 들어 고무장갑은 예전엔 종량제봉투에 담아 일반 쓰레기로 버려야 하는 구도 있고 재활용품으로 분리 배출해야 하는 구도 있었다. 구마다 기준이 다르다 보니 이사할 때 특히 헷갈리기 쉬웠다. 이날부터 고무장갑은 고민할 필요 없이 종량제봉투에 담아 일반 쓰레기로 처리하면 된다. 서울시 관계자는 "고무장갑이나 비닐 코팅된 광고 전단지 등은 재활용이 불가능해 일반 쓰레기로 배출해야 한다"고 했다.

"고무장갑은 재활용? 종량제봉투에 버리세요" (박진성 기자, 2025년 6월 17일)

066

빨리빨리에 지친 마음…
'다도'로 다독이는 2030

중장년층만의 취미로 여겨졌던 다도 문화가 MZ세대 사이에서 확산되고 있다. 빨리빨리 문화가 2030을 독촉하고, 인스타그램과 페이스북 등이 이들의 눈과 귀를 시종일관 어지럽히는 현대 사회에서 차는 일종의 '대피소'다. 하루 30분~1시간 시간을 내 차를 우리고 천천히 음미하는 과정 자체가 스트레스 해소에 도움이 된다고 한다. 일주일에 3~4번 퇴근한 뒤 차를 즐긴다는 직장인 김소영(26) 씨는 "아무 생각 없이 찻잔을 데우는 시간만큼은 걱정이 없다"고 했다.

티 소믈리에 자격증과 티블렌딩 전문가 자격증을 발급하는 한국티소믈리에연구원에 따르면 2030 세대의 해당 자격증 취득 건수는 지난 2020년 424건에서 작년 986건으로 배 이상 늘었다. 초·중급 단계인 2급 자격증을 받기 위해선 백차·녹차·우롱차·홍차·보이차·허브차·과일허브차 등 60~70여 종류의 차를 시음하고 향과 맛을 감별할 수 있어야 한다. 작년 6월 2급 자격증을 딴 직장인 김모(34) 씨는 "시간을 들여 우려낸 차를 음미하면서 여유를 만끽하는 게 다도의 매력"이라고 했다.

"빨리빨리에 지친 마음… '다도'로 다독이는 2030" (김병권·안태민 기자, 2025년 4월 14일)

067

오피스 피터팬

승진을 최고의 훈장으로 여기던 시대가 가고 있다. 오히려 보스(boss)가 되기를 기피하는 언보싱(unbossing) 현상이 나타나고 있다. 승진을 포기했다고 해서 '승포자', 어른 되기를 거부하는 피터팬과 같다고 해서 '오피스 피터팬'으로도 불린다. 기업체에만 벌어지는 일도 아니다. 학교에선 교장 되기를 포기한 교사를 '교포', 군에선 장성 진급을 포기한 대령을 '장포대'라 한다.

한 헤드헌팅 회사가 직장인들에게 승진에 대한 생각을 물었더니 '임원까지 승진하고 싶다'(45%)보다 '승진하고 싶지 않다'(54%)가 더 많았다. 승진 포기 이유는 더 의외였다. '책임지는 자리에 가기 싫어서'(43%)와 '승진하면 일과 삶을 조화롭게 병행하는 게 불가능하다'(13%)가 절반을 넘었다. '능력이 안 돼 승진을 포기했다'는 20%였다. 관리직 맡을 사람을 외부에서 수혈하는 '상사 대행' 현상까지 빚어진다.

"오피스 피터팬" (김태훈 기자, 2025년 4월 8일)

068

한국인·일본인

우리는 일본인이 우리와 비슷하다고 여긴다. 실제로 학계에선 두 민족을 형제군(群)으로 분류할 만큼 유전적 형질이 가깝다. 그러나 기질은 대조적이다. 한국인은 친해지면 간까지 빼주지만, 일본인은 끝까지 거리를 둔다는 식의 에피소드가 수없이 많다. 한 일본 출판사는 두 나라 국민성을 60여 가지 항목으로 비교한 책을 냈는데, 첫째는 '좋아하는 꽃부터 다르다'였다. 일본인은 화려하게 피었다가 금방 산화하는 벚꽃을 좋아하고, 한국인은 끈질긴 생명력의 무궁화를 국화로 삼았다는 것이다.

"한국인·일본인" (박정훈 기자, 2019년 6월 29일)

069 온라인 '텍스트힙' 열풍

　텍스트힙은 개성 있고 유행에 밝은 것을 칭하는 '힙하다'와 '글'을 의미하는 텍스트가 합쳐진 신조어다. 국내에서는 올여름부터 MZ세대를 중심으로 자리 잡았다. 종이책, 신문, 잡지 등을 읽는 모습이나 마음에 드는 문장을 필사한 것을 사진 찍어 소셜미디어에 올리는 것도 유행이다. 플랫폼이나 소셜미디어에 자신이 쓴 글을 올리기도 한다.

　유명인들이 소셜미디어나 방송에서 책 추천을 하고 책 읽는 모습을 보인 것이 텍스트힙 유행에 일조했다. 아이돌 그룹 아이브의 멤버 장원영이 유튜브에 나와 <마흔에 읽는 쇼펜하우어>를 추천하자 이 책은 교보문고 상반기 베스트셀러 1위에 올랐다. 아이돌 그룹 르세라핌의 멤버 허윤진이 메이크업 받으면서 책을 읽는 모습이나 책을 필사하는 모습이 방송에 나오기도 했다.

"글 쓰는 게 멋져요… 온라인 '텍스트힙' 열풍" (김민기 기자, 2024년 11월 18일)

070

세상살이 힘들어서…
'순한 맛' 또 어디 없수?

한국 사회에 '무해력'이 뜨고 있다. '해롭지 않은 힘'이라는 사전적 의미를 넘어 '작고 귀엽거나 서툴지만 순수한 존재가 지닌 강력한 힘'과 이러한 '무해한 존재들에 열광하는 세태'를 가리키는 신조어다. 대중은 '폭싹 속았수다'나 판다 푸바오, 미니어처 피규어나 특별하지 않지만 평온한 숲 등 무해력을 갖춘 대상들과 열애에 빠졌다. 얼마 전까지도 '도파민'을 내세운 자극적 방송이 유행했다는 점을 기억한다면, 순하고 작고 귀여운 것들이 큰 영향력을 발휘하는 현실이 믿기지 않을 정도다.

무해력의 유행은 역설적으로 우리 사회가 얼마나 유해한지 드러낸다. 올해의 키워드 중 하나로 무해력을 예고한 '트렌드 코리아 2025'는 "경제 불황과 불안한 미래, 날로 심해지는 정치·사회적 갈등, 코로나 블루에 이은 코로나 레드(분노)에 지친 젊은이들은 스스로를 '긁힌 세대'라 부르며 자조한다. 이러한 암울함의 반작용으로 귀엽고 순수하고 단순한, 해롭지 않은 대상을 찾고 있는 것"이라고 분석했다.

"유해한 세상에 '무해력'이 뜬다" (김성윤 기자, 2025년 4월 5일)

071

패션업계 'AI 모델' 대세로

패션업계에서 'AI 모델' 고용은 대세로 자리 잡고 있다. 글로벌 패션 기업뿐 아니라 국내 업체도 마찬가지다. 한섬이 최근 AI 모델로 만든 화보를 공개했고, CJ온스타일은 AI 모델들이 참가하는 가상 패션쇼를 열기도 했다. 업계 관계자는 "AI 모델을 활용하면 인건비를 비롯해 헤어·메이크업, 장소 대여 등 각종 부대 비용을 대폭 절감할 수 있다"고 했다. 블룸버그는 "평균적으로 인간 모델은 시간당 최소 35달러를 요구하지만 AI 모델은 한 달에 29달러면 된다"고 전했다. 기업 입장에선 원하는 이미지와 콘셉트를 더 잘 구현할 수 있는 것도 장점이다.

"패션업계 'AI 모델' 대세로… 저작권 논란 피하려 묘수도" (강다은 기자, 2025년 4월 3일)

072

이번엔 일본이 폭싹 속아주길

　일본의 넷플릭스에서 드라마 '폭싹 속았수다'가 한 달째 톱10이다. 한국색이 이렇게나 강한 드라마의 인기 덕분에 일본 지인들은 곧잘 제주도 출신인 기자에게 "제주도 사투리를 하나 배웠다"고 연락하곤 한다. 일본어 제목은 '오쓰카레사마(수고하셨습니다)'다.

　'폭싹 속았수다'를 '수고하셨습니다'라고 번역하는 건, 절반만 맞는다. 제주도에는 경사든 흉사든, 집에 일이 생기면 누가 부르지 않아도 동네 사람들이 와서 일을 도와주는 풍습이 있다. 친척도 아니지만 아침부터 밤까지 일만 돕다가 돌아가는 이웃에게 전하는 인사가 '폭싹 속았수다'이다. 원래 '폭싹'은 '완전히', '속았수다'는 '속임을 당했다'는 의미다. '내 탓에 이번에 고생했으니, 다음번 이웃에 일이 생길 땐 내가 꼭 고생하겠다'는 제주도의 삶 방식이다. 이웃 주민을 '삼촌'이라고 부르는 문화는 논농사도 없는 척박한 환경에서 옆집의 자발적 도움 없이는 생존마저도 쉽지 않기에 생겨난 섬 풍습이다.

"이번엔 일본이 폭싹 속아주길" (성호철 기자, 2025년 4월 9일)

073

'하루 6g 식이섬유'가 100세인 만든다

100세 이상 인구가 전국 평균의 2.7배 이르는 일본 남쪽 가고시마현 아마미군도에 사는 100세인들은 된장 등 발효식품과 식이섬유가 많이 든 해초류를 유난히 즐겨 먹는다.

정기적인 운동이 건강에 좋지만, 그렇지 못할 경우 일상생활 속에서 부지런히 움직이는 것도 건강 장수에 큰 기여를 했다. 집 안 청소나 세탁, 애완견과 산보, 요리, 정원 일 등 생활 속에서 하는 '잠깐 동작'이 많으면 많을수록 근력 감소가 적게 오고, 노쇠를 늦췄다.

세 번째 건강 비결은 어울림이다. 100세 궁극의 건강법은 여러 사람과의 두터운 관계 또는 타인과의 끈끈한 연결이다. 이는 비만, 운동, 술, 담배 등보다 장수에 더 영향을 미치며, 타인과 관계가 두터울수록 염증 노화를 일으키는 유전자 발현이 억제된다. 반면 사회적 연결이 적거나 느슨하면, 노쇠가 조기에 온다.

매일 신문을 읽거나 뉴스를 보는 것도 다른 사람들과 대화를 나누고, 사회적 연결을 확장하는 데 도움이 된다.

"'하루 6g 식이섬유'가 100세인 만든다" (김철중 기자, 2025년 1월 16일)

글을 효과적으로 마무리하기
흐름을 정리하며 설득력을 높이는 끝맺음

왜 결말이 중요한가?

글의 끝은 '기억에 남는 자리'입니다. 끝이 흐리면 글 전체가 힘을 잃고, 강하게 마무리하면 짧은 글도 오래 남습니다. 설득, 감동, 요약, 의문 제시 등 결말에는 다양한 기능이 담겨야 합니다.

> **예시** "AI가 만든 예술은 인간을 대신하지 않는다. 다만, 우리가 가진 창의성의 의미를 다시 묻는 계기는 될 수 있다."

결말 따라 쓰기의 효과

① 주제와 핵심을 정리하는 능력이 생깁니다.
② 글의 완성도를 높이는 감각이 길러집니다.
③ 여운을 남기는 글을 쓸 수 있게 됩니다.

이렇게 따라 써보세요

① 마지막 문장에 글의 핵심 내용이 잘 담겨 있는지 생각해 보세요.
② 같은 주제로 자신만의 결말 문장을 직접 써보는 연습을 해보세요.

글을 효과적으로 마무리하는 팁

① 핵심 메시지를 한 문장으로 압축하세요. 결말은 단순한 요약문이 아닙니다. 가장 강력한 한 문장으로 글을 완결지어 보세요.
"결국, 글은 타인과 나를 동시에 설득하는 일이다."

② 결론을 짓지 말고 여운을 줘보세요. 정해진 결론 대신 '생각할 거리'를 던지는 것도 훌륭한 마무리입니다.
"당신이라면, 어떻게 끝맺겠는가?"

③ 앞에서 던진 질문이나 주제를 다시 불러오세요. 글의 끝에서 처음을 다시 언급하면, 독자에게 완결감을 줍니다.
"우리는 왜 쓰는가?"라는 질문으로 시작했다면, 결말에서 "그래서 우리는, 여전히 쓰고 있다."처럼 마무리해 보세요.

074

램프를 탈출한 요정, AI

　디즈니 영화 '알라딘'에서 램프의 요정 지니는 착한 주인 덕분에 램프에 갇히지 않고 자유를 찾는 해피 엔딩을 맞는다. 악한 마법사를 주인으로 맞느냐, 착한 주인을 만나느냐에 따라 지니의 위력도 다른 결과를 낳는다. AI가 엄청난 파괴력을 갖추는 데 악용되는 것을 막으려고 미국, EU 등에서 AI 규제에 적극 나선다지만 세계 곳곳의 악한 마법사들이 'AI 지니'를 악용하려는 유혹을 얼마나 제어할 수 있을지는 미지수다.

"램프를 탈출한 요정, AI" (강경희 기자, 2024년 5월 6일)

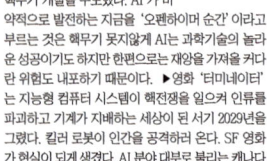

075

'K팝 퇴마'에 현혹된다

　젊은 세대는 왜 전통을 '힙하게' 느낄까. 한국뿐만 아니라 미국에서도 디지털 네이티브 세대가 과거에 대한 향수를 강하게 느낀다는 설문 조사 결과가 나왔다. 지난달 미국 여론조사 기관 해리스 폴에 따르면, "태어나기 이전 시대의 미디어·스타일·전통에 끌린다"고 답한 응답자는 밀레니얼 세대에서 79%, Z세대에서 73%로 가장 높게 나타났다. 하재근 대중문화평론가는 "지나치게 디지털화된 사회에 피로감을 느끼는 젊은 세대가 과거의 문화에서 위안을 얻으려는 경향이 있다"면서 "오히려 디지털 세계에서 찾기 어려운 신선함을 전통문화에서 발견하고, 이를 통해 자신의 취향을 차별화하려는 움직임도 보인다"고 했다.

"'K팝 퇴마'에 현혹된다… 악귀 잡는 무당 걸그룹" (백수진 기자, 2025년 6월 25일)

076

"전쟁하는 세상에 평화를"…
교황 선종

　교황은 마지막 부활절에 성 베드로 대성당의 로지아(발코니)에서 부활절 축복 메시지를 발표하며 "친애하는 형제·자매 여러분, 부활절을 축하합니다"라고 말했다. 이후 메시지는 교황청 소속 디에고 라벨리 신부가 대독했다. 교황의 마지막 부활절 메시지 중 일부다. "하느님의 눈에 모든 생명은 소중합니다. 어머니 뱃속에 있는 아이, 노인이나 병든 사람처럼 많은 나라에서 버려져야 할 사람으로 여겨지는 생명도 마찬가지입니다. 세계 곳곳에서 일어나는 수많은 분쟁 때문에 우리는 얼마나 많은 죽음을 보고 있습니까. 가장 약하고 소외된 이주민에 대한 경멸이 때때로 너무나 많이 나타납니다. 우리 모두는 하느님의 자녀입니다. 우리와 가깝지 않거나 관습이나 삶의 방식, 사상이 다른 이에게도 신뢰와 희망을 품어야 합니다."

"프란치스코 교황 88세로 떠나… 끝까지 약자 보듬은 '빈자의 성자'" (유재인 기자, 2025년 4월 22일)

선종(善終)
가톨릭에서 '착한 죽음' '거룩한 죽음'을 의미하는 표현. '착하게 살다가 복되게 끝마친다'는 뜻의 '선생복종(善生福終)'의 준말이다.

077

'AI 대체 불가' 블루칼라로 몰리는 MZ

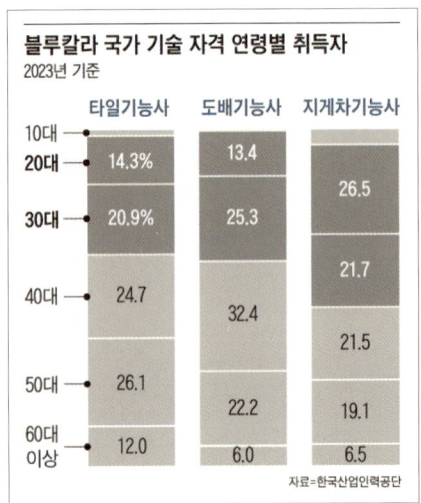

인공지능(AI) 발달도 블루칼라 선호도 상승에 큰 영향을 끼쳤다는 분석이다. 한국고용정보원의 'AI에 의한 화이트칼라의 직무 대체 및 변화' 보고서에 따르면, 화이트칼라는 블루칼라 등 비(非)화이트칼라에 비해 AI 직무 대체 위험이 5.49%포인트 높게 나타났다. 정보의 기록·수집·분석·평가 등 화이트칼라의 주된 업무가 바로 인공지능의 강점이다. 반면 블루칼라의 일은 인공지능이 쉽게 대신해줄 수 없다.

이병훈 중앙대 사회학과 명예교수는 "요즘 블루칼라는 과거의 '공돌이' 같은 개념이 아니라 고소득을 보장하면서 나름대로 보람도 느낄 수 있는 일자리"라며 "사무직 일자리 부족과 낮은 보수 등을 이유로 차라리 숙련된 기술자가 되겠다는 새로운 꿈을 갖는 청년들이 늘고 있다"고 했다.

"도배·타일공… 'AI 대체 불가' 블루칼라로 몰리는 MZ" (정해민 기자, 2025년 5월 2일)

078

거품 빠지는 '컴공'

AI 시대, 어느 전공인들 보장이 있을까. 역사를 전공한 미래학자 유발 하라리는 이렇게 말했다. "수학과 과학 등 개별 과목을 가르치는 건 의미가 없다. 그런 공부는 AI가 훨씬 더 잘할 테니까. 지금까지 인간은 20대까지 공부한 걸로 평생 먹고살았지만, 앞으로는 나이 예순에도 여든에도 끊임없는 자기 계발을 해야 할 것이다. 구체적으로 뭘 새로 배워야 할지는 알 수 없다. 단, 경직된 사람, 마음이 유연하지 않은 사람은 버티기 힘들 것이다."

"거품 빠지는 '컴공'" (어수웅 기자, 2025년 7월 1일)

079

'아저씨들은 죄가 없습니다'

일본 아식스는 대표적 '아재 브랜드'였다. 나이키 등에 밀려 존재감마저 사라졌던 아식스는 운동화에서 패션화로 방향을 전환하고, 2030 세대에게 집중하는 디자인으로 '웃돈을 줘야 살 수 있는 브랜드'로 재탄생하는 데 성공했다. 하이킹화, 등산화 등 중장년층 소비가 많은 품목들에서도 수지나 아이유 등 MZ 세대 스타들을 모델로 내세워 급성장한 경우가 나왔다.

중장년층의 소비 규모가 젊은 층을 능가한다는 시대이지만 여전히 유행은 젊은 세대가 선도할 수밖에 없는 듯하다. 아재들 전유물이었던 마라톤에 젊은 세대가 열광하는 것을 보면 러닝화 분야에 새 브랜드가 떠오를 것 같다. 골프와 테니스에서 젊은 층이 떠나자 관련 시장에 찬바람이 분다고 한다. 아재 브랜드니 2030 브랜드니 해도 결국 유행은 세대를 넘나들며 돌고 돈다. 좋은 품질과 디자인이 성공의 핵심인 것도 변함없다. 러닝화 주가를 분석한 투자 노트에 이런 문장이 나온다. '아저씨들은 죄가 없습니다^^;'

"아저씨들은 죄가 없습니다" (이인열 기자, 2025년 7월 11일)

080

"머스크가 빈자 목숨 빼앗으려 해… 기부 앞당길 것"

게이츠는 부자의 상징과도 같은 인물이다. 1995년부터 2017년까지 포브스 세계 부자 순위에서 다섯 해를 빼고 거의 매년 1위를 차지했다. 현재는 13위에 올라 있다. 만약 게이츠의 뜻대로 재산 대부분을 환원하면 그가 세상을 떠날 때쯤, 세계 부자 순위에선 한참 멀어질 것이다. 그가 바라던 바다. 게이츠는 이날 사회 환원 계획을 밝히며 재단 홈페이지에 이렇게 썼다.

"제가 죽으면 사람들이 저에 대해 온갖 말을 하겠죠. 하지만 '부자로 죽었다'는 말만은 절대 하지 않도록 하겠다고 다짐합니다."

"빌 게이츠 전재산 환원 계획 발표" (강다은 기자, 2025년 5월 10일)

게이츠 재단

2000년 설립된 세계 최대 민간 자선 재단. 보건, 교육, 빈곤 퇴치 등을 목표로 소아마비·말라리아 퇴치, 개발도상국 농업 지원, 위생·식수 개선에 중점 투자한다. 워런 버핏 버크셔 해서웨이 회장도 후원에 참여해 25년간 누적 기부액이 1,000억 달러 이상이다. 원래 '빌 앤드 멜린다 게이츠 재단'이었지만 지난해 전처인 멜린다가 공동 이사장직에서 물러나면서 이름이 바뀌었다.

081

시력을 잃고 송승환이 선택한 길

　불행이 엄습했을 때 송승환은 "왜 하필 나입니까?"라며 하늘을 원망하지 않았다. "이만큼이라도 보이는 게 고맙다"며 길을 모색했다. 좀 느려졌을 뿐, 시력 상실 전의 일상을 80~90% 복구했다. 12월에 국립극장에서 '더 드레서'를 다시 공연하고 새로운 2인극도 준비 중이라는 그는 "주머니에 돈이 없는 것보다 다음에 할 배역이 없는 게 더 불안하다"며 명랑하게 웃었다.

　전시장 한쪽에 적혀 있듯이 늙음과 낡음은 다른 것이다. 아역 배우가 노역 배우가 될 만큼 긴 세월이 지났지만 그는 결코 낡지 않았다. 시력이 나빠진 '덕분에' 욕심을 내려놓게 됐다. 계속 하고 싶은 일만 남기고 안 해도 되는 일은 정리했다. 제 삶의 짓궂은 대본 앞에서 송승환은 선택해야 했다. 누군가의 부축을 받으며 퇴장할 것인가, 자기 힘으로 무대에 올라 새로운 도전을 즐길 것인가. 그는 후자를 택했다.

"시력을 잃고 송승환이 선택한 길" (박돈규 기자, 2025년 6월 30일)

청소년 28%가 영양 부족

12~18세의 28%가 영양 섭취 부족이라는 충격적인 통계가 나왔다. 10여 년 전에는 이 비율이 15%였는데 2배 가까이로 늘었다. 고소득 가정인데도 영양 부족인 청소년이 많아졌다. 따뜻한 집밥이 아니라 학원 중간에 컵라면을 먹은 결과일 것이다. 사교육에 올인하는 학부모 전쟁이 모성애를 무색하게 한다. 하루 한 끼를 '혼밥' 하는 청소년은 그렇지 않은 청소년에 비해 스트레스 지수가 1.4배 높고, 두 끼 이상 '혼밥' 하면 우울증 발생 가능성이 2.6배 증가한다는 연구 결과도 있다.

얼마 전 발표된 세계행복보고서에서 우리나라 행복도 지수는 세계 147국 중 58위였다. 주관적 행복지수는 12년 전 첫 발표 때보다 하락했다. 가족이나 타인과 어울려 식사하는 사람이 행복한데 '혼밥족'이 늘고 끼니를 대충 해결하는 것이 행복도 하락의 주요 원인 중 하나라고 한다. 식구들과 어울려 먹는 밥 한 끼의 소중함을 새삼 일깨워준다.

"청소년 28%가 영양 부족" (강경희 기자, 2025년 3월 26일)

083

"망자 불편하게 하지 말라"…
핵심은 간결함

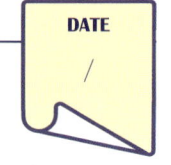

　이상한 일이었다. 수의를 입힐수록 마네킹이 사람 형태를 갖추며 무거워지는 것 같았다. 기분 탓이겠지. 죽음을 다루는 일이란 살아 있는 이의 마음을 다루는 일이기도 했다. 이들의 손끝에서 누군가는 가장 평온한 이별을 맞는다. 유 대표는 영화 '파묘'의 배우 유해진의 실제 모델이었다. 다들 자기는 안 죽을 것처럼 살지만 죽음을 공부해야 삶이 깊어진다.

"'대통령 염장이'에게 염습 방법을 배우다" (조유미 기자, 2025년 4월 19일)

작년 해외 관광 2,800만 명

2023년 우리나라를 방문한 해외 관광객 수는 1,100만 명 정도에 그쳤다. 그해 우리 국민 해외 관광객(2,271만 명)의 딱 절반이다. 이 때문에 관광수지 적자도 100억 달러(약 14조 5000억 원)에 육박했다. 지난해에도 상반기에만 65억 달러 관광수지 적자가 났다. 100억 달러가 국내에서 쓰였으면 얼마나 많은 사람들에게 도움이 됐을까 생각해 본다.

우리나라 자연 경관은 결코 다른 나라에 뒤지지 않는다. 그런데도 국내 관광지는 오랜 침체에서 벗어나지 못하고 있다. 좋은 원석을 제대로 가꾸지 못하고 있기 때문이다. 우리 자연에 유럽식 가공이 더해지면 크게 달라질 것이다. 하지만 국내 관광지는 천박한 모양의 냉면 갈비 광고판으로 뒤덮여 있고 그마저도 바가지 안 쓰면 다행이다. K팝, K드라마 등 전 세계가 좋아하는 한류 문화도 관광 상품화가 되지 못하고 있다. 이번 설 연휴 해외여행객 숫자가 또 기록을 쓸 것 같다.

"작년 해외 관광 2,800만 명" (김민철 기자, 2025년 1월 23일)

085

큰 힘엔 큰 책임이… 기축통화국 미국은 글로벌 역할 다해야

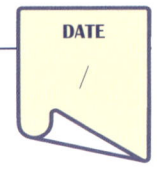

 많은 나라가 기축통화국의 불리함을 알고 있어 미국이 원하는 바를 잘 들어주는 경향도 있습니다. 대표적 사례가 1985년 플라자 합의입니다. 미국을 대신해 기축통화국 되기가 부담스러웠던 일본과 독일이 미국의 달러 절하 요구를 들어준 셈이죠. 결국 미국이 세계에 베푸는 만큼 세계도 미국을 대우해 준다는 뜻입니다.

 디즈니의 마블 시리즈 중에서 미국인이 가장 좋아하는 캐릭터는 스파이더맨이라고 합니다. 그리고 이 영화의 가장 큰 메시지는 "큰 힘에는 큰 책임이 따른다"는 것입니다. 어쩌면 미국인들은 기축통화국으로서 80년 넘게 지속돼 온 미국이란 나라의 역할을 누구보다 잘 알고 있고, 자부심을 느끼는지도 모르겠습니다. 부디 도널드 트럼프 대통령도 일반 미국인들처럼 책임이 큰 역할을 다시 한번 되새기길 기대해 보겠습니다.

"큰 힘엔 큰 책임이… 기축통화국 미국은 글로벌 역할 다해야" (조성호 기자, 2025년 5월 9일)

필사의 추억

**글쓴이 마음속으로 들어가 보는 가장 느리고도 능동적인 독서법
생각의 속도를 늦추는 훈련**

(생략) 직업상 글을 쓰는 형식의 시험을 치러야 하는 이들에게 필사는 오랫동안 가장 대표적이고 고전적인 시험 대비 방법으로 꼽혀 왔다. 꾸준히 제대로 실행하기가 매우 어려운 방법이기도 하다. 나 역시 입사 전엔 두어 번 해 보다가 그만뒀다. 시간은 터무니없이 많이 걸리는데 효과는 측정 불가하거나 미미하게 느껴졌다. 무엇보다도 헬스장 러닝머신처럼 지루했다.

진지하게 필사를 시도하게 된 건 입사 직후였다. 매일 짧은 시간 안에 품질이 어느 정도 확보된 원고를 생산하는 일이 너무나 어려웠고 거의 불가능했다. 마음은 다급한데 좀처럼 빨리 몸에 익지 않았다. 그러던 어느 날 가벼운 이유로 며칠 입원을 하게 되자, 그때가 필사를 시도해 볼 기회라는 생각이 들었다. 마땅히 다른 방법이 없었다.

스트레이트 기사, 기획 기사, 인터뷰, 짧은 칼럼 같은 것들을 노트에 무작정 베껴 나갔다. 그거 말곤 달리 할 일도 없는 상황이었으니 가능했을 것이다. 그리고 그제야 필사의 의미를 깨닫게 됐다. 필사는 글쓴이의 마음속으로 걸어 들어가는 경험, 잠시나마 글쓴

Story 03

이가 되어 보는 경험이었다. 그러고 나면 짐작할 수 있었다. 글쓴이가 이 주제를 가지고 왜 이런 순서로 글감을 배열했는지, 왜 이 정도 강도의 표현을 골라 굳이 이 자리에 이런 식으로 두었는지, 어떤 정보는 포함했고 어떤 정보는 제외했는지….

어쩌면 글쓴이는 이쯤에서 이런 생각을 했겠고, 여기쯤에선 숨을 한 번 참았겠구나. 그러니까 필사는 글의 리듬과 맥락을 놓치지 않는 범위 안에서, 내가 할 수 있는 가장 느린 속도의 독서였다. 가장 능동적이고 적극적인 방식의 읽기였다. 적어도 내 경우에 필사는 글솜씨를 드라마틱하게 향상시켜 주거나, 글로 인한 고민과 절망에서 해방시켜 주는 수단은 아니었다. 그보다는 생각의 속도를 인위적으로 최대한 늦추는 훈련, 할 수 있는 한 가장 느리게 생각해 보면서 한 글자, 한 단어, 한 문장, 나아가 구조 전체를 더듬더듬 짚어 보고 뜯어볼 기회였다.

온 국민 마음에 충격과 상처로 남을 2024년을 보내면서 필사하고 싶은 글은 한강의 노벨문학상 수상자 강연 전문이다. 그의 평생을 관통해 온 견고한 질문들을 가능한 한 천천히, 깊이 들여다보며 고요해지고 싶다. 그 고요가 주는 힘으로 이 긴긴 불안과 혼돈의 겨울을 살아나갈 것이다. 따라잡기 힘든 속도로 속보가 쏟아지는 세상에 2배속, 3배속도 좋고 재미도, 효율도 좋지만, 아주 느려져야만 보이는 것들이 있다.

_ 최수현 기자, 2024년 12월 20일

설명·주장·묘사까지, 글은 스타일에 따라 색이 달라집니다.
장문을 따라 쓰며 자신만의 글쓰기 영역을 넓혀봅니다.

PART 4

장문 따라 쓰기

: 다양한 글쓰기 스타일로 확장하기

목적에 따라 달라지는 글쓰기
: 장르별 글쓰기 문체와 구조 이해하기

장문 글쓰기란?

장문은 여러 문단으로 이루어진 완결된 글입니다. 하나의 주제를 중심으로 다양한 정보, 감정, 주장, 묘사가 연결되며 전개되죠. 칼럼, 르포, 인터뷰, 기획기사, 수필 등 다양한 실전 글쓰기 형태가 여기에 포함됩니다. 장문은 '문장력'뿐 아니라 '구성력'과 '집중력'을 함께 요구하는 글쓰기입니다.

장문 필사, 어디에 좋을까?

① 글쓰기 '체력' 기르기: 짧은 글에서는 느끼지 못하는 글의 흐름, 리듬, 구성력까지 경험하게 됩니다. 한 호흡으로 긴 글을 따라 써보는 것 자체가 강력한 훈련입니다.
② 장르별 문체와 구조 이해: 설명문, 주장문, 묘사문 등 장르마다 문체와 구성 방식이 다릅니다. 이를 따라 쓰며 '어떻게 다른가' '왜 이렇게 쓰는가'를 몸으로 익힐 수 있습니다.
③ 복잡한 생각을 정리하고 표현하는 능력 향상: 다양한 요소가 섞인 장문은 사고 정리와 전달 능력을 동시에 길러줍니다. 보고서, 자기소개서, 프레젠테이션 문안 등에 직접 활용할 수 있는 힘을 기르게 됩니다.

장문, 어떻게 쓸까?

장문은 크게 세 가지 쓰기 방식으로 나뉩니다. 각각의 쓰기 방식에는 고유의 문체, 목적, 표현 전략이 있습니다. 이 책에서는 아래 세 가지 방식으로 나누어 필사를 진행합니다.

① '설명하는 글쓰기'에서는 정보 중심의 문장을 통해 객관적 정보를 이해시키는 연습을 합니다.

② '주장하는 글쓰기'에서는 생각이나 의견을 설득력 있게 전달하는 글을 쓰는 연습을 합니다.

③ '묘사하는 글쓰기'에서는 상황이나 감정 등을 구체적으로 표현하여 공감을 자극하는 글쓰기 연습을 합니다.

세 가지 장문 유형을 모두 경험하면, 글쓰기 스타일의 폭이 넓어지고, 자신의 말투와 문체를 찾는 데 큰 도움이 됩니다.

설명하는 글쓰기
사건·경제·과학 기사로 정보 중심 글쓰기 연습

사실, 원리, 방법 등 객관적 정보를 독자에게 이해시키는 글입니다. '왜 그런가' '어떻게 되는가'에 대한 궁금증을 풀어주는 역할을 하죠. 정보 중심의 문장을 통해 독자에게 '무엇인가를 알려주는' 글입니다. 사건, 과학, 건강, 생활 지식을 담은 기사로 구성되어 있습니다.

핵심은 '정확하고 논리적인 구성'
어렵지 않은 말로 핵심을 정확히 전달해야 합니다.
배경 설명→ 핵심 정보→ 주의사항 등 구조가 명확해야 이해도가 올라갑니다.

> 예시 "블랙아이스는 도로에 얇게 얼음이 끼는 현상이다. 눈에 잘 보이지 않아 위험하다. 이럴 땐 속도를 줄이고, 급브레이크를 피해야 한다."

설명문 필사의 효과

① 복잡한 정보를 간결하게 정리하는 연습.

② 독자의 입장에서 생각하고 글을 쓰는 습관.

③ 논리적 구성과 문장 연결 감각 향상.

이렇게 따라 써보세요

① 무엇을 설명하려고 하는지 생각해 보세요.

② 어려운 내용을 어떻게 쉽게 설명할지 생각하며 써보세요.

③ 두세 문장으로 요약해 보세요.

086

1센트 동전 더 안 만듭니다

에이브러햄 링컨 전 미 대통령 얼굴이 새겨진 1센트 동전이 도널드 트럼프 대통령의 지시로 사라질 위기에 놓였다. 10일 트럼프 대통령은 소셜미디어에 "너무나 오랫동안 미국은 말 그대로 2센트가 넘는 비용을 들여 페니(penny)를 주조해 왔다"고 했다. 영국의 화폐 단위에서 유래한 '페니'는 1센트(약 15원)짜리 동전을 뜻한다. 트럼프는 "이건 정말 낭비"라며 "재무장관에게 페니 신규 발행을 중단하라고 지시했다. 위대한 우리 나라 예산에서 단 한 푼이라도 낭비를 줄이자"고 했다. (계속)

아연·구리 등으로 만들어지는 페니의 생산 비용이 액면가를 넘어선 것은 오래됐다. 미 조폐국은 2006년 이 사실을 공식 인정했으며, 2024년 기준 페니 하나를 주조하는 데 3.69센트가 들었다고 밝혔다. 일론 머스크가 이끄는 정부효율부(DOGE)도 지난달 "페니 주조를 위해 2023회계연도에 1억 7,900만 달러(약 2,600억 원)가 넘는 납세자의 돈이 들어갔다"고 했다. 미 조폐국이 2023년 발행한 동전 114억 개 중 40%(45억 개)가 페니였다. 이에 따라 주조 비용이 14센트에 이르는 '니켈'(5센트 동전)의 운명도 불확실해졌다.

미 조폐국 설립 이듬해인 1793년부터 발행된 페니는 미국에서 가장 유서 깊은 동전으로 꼽힌다. 1909년 링컨 탄생 100주년을 기념해 링컨의 초상화가 새겨졌는데, 이는 미 화폐에 대통령 초상이 들어간 첫 사례다.

"1센트 만드는데 비용은 2센트… 트럼프 '신규 발행 중단하라'" (서보범 기자, 2025년 2월 12일)

087

부활절의 상징물은
왜 토끼와 계란일까

　4월 20일은 기독교에서 가장 중요한 축일이자 서양 최대 명절 중 하나인 부활절이다. 예수 그리스도의 부활을 기념하는 이날, 서양에서는 '이스터 버니(Easter bunny)'라고 불리는 토끼와 형형색색으로 꾸민 '부활절 달걀'을 쉽게 볼 수 있다. 이 토끼는 부활절 전날 밤 예쁘게 꾸민 달걀과 간식거리, 장난감이 가득 든 바구니를 들고 다니며 착한 아이들에게 나눠 주거나 집 안 곳곳에 숨겨둔다고 한다. 성경에는 나오지도 않는 토끼와 달걀이 왜 부활절의 상징이 됐을까.

　가장 유력한 설은 게르만족의 전통에 기독교 문화가 결합되며 생긴 풍습이라는 것이다. 고대 중북부 유럽에 거주하던 게르만족은 봄의 여신 '에오스트레'를 숭배했다. 전설에 따르면 에오스트레는 죽어가던 새 한 마리를 가엾게 여겨 토끼로 변하게 했는데, 이 토끼가 계속 알을 낳으며 신비로운 존재로 여겨졌다고 한다. (계속)

봄이 시작되는 4월 무렵 게르만족은 에오스트레 축제를 열었다. 이 시기가 기독교의 부활절 기간과 비슷했고, 생명의 상징으로 자리 잡은 토끼와 달걀이 부활절 문화와 자연스럽게 융화한 것으로 보인다. 부활절을 뜻하는 영어 단어 '이스터(Easter)' 역시 에오스트레라는 이름에서 따왔다는 설이 유력하다.

달걀을 꾸미는 풍습에 대해서는 보다 기독교적인 해석도 있다. 메소포타미아의 초기 기독교도들은 달걀을 부활한 예수의 빈 무덤으로 여겨 신성시했고, 부활절이 돌아오면 예수가 십자가에서 흘린 피처럼 붉게 달걀을 물들이는 전통이 있었다고 한다.

"부활절의 상징물은 왜 토끼와 계란일까" (유재인 기자, 2025년 4월 19일)

088

무엇이 청년 트럼프를 변하게 했나

브라이어클리프 엔터테인먼트

아카데미 시상식 올해 후보작이 최근 발표됐습니다. 남우주연·조연상 후보에 나란히 오른 '어프렌티스(The Apprentice)'가 특히 화제입니다. 미국 대중문화 매체들은 일제히 "이번 시즌 가장 뜨거운 논란을 낳은 이 작품이 아카데미 트로피를 거머쥘 것인지 영화계가 주목하고 있다"고 보도했습니다.

어프렌티스는 도널드 트럼프 미 대통령의 전기 영화입니다. 트럼프 측에서 트럼프의 일생을 미화하는 줄 알고 제작비까지 투자했다고 합니다. 하지만 영화는 인종차별, 성희롱, 동성애 혐오, 측근에 대한 배신 등 트럼프의 추악한 면모를 고발합니다. 트럼프가 직접 "저속하고 명예훼손적이며 역겹고 비열한 엉터리 작품"이라고 맹비난했을 정도입니다. (계속)

영화는 트럼프가 아버지를 따라 부동산 업계에 첫발을 들인 사회 초년 병 시기를 다룹니다. 트럼프가 뉴욕의 낡은 호텔을 하얏트 호텔로 재건축하고, 맨해튼에 초호화 '트럼프 타워'를 세우는 과정이 구체적으로 그려집니다. 이 시기 트럼프의 멘토 역할을 한 인물이 유명 변호사 로이 콘입니다. 순한 얼굴에 날씬했던 청년 트럼프는 콘을 따르며 점차 악독해지고, 패스트푸드를 즐기며 비대한 체형으로 변해갑니다.

콘은 트럼프에게 가르칩니다. "항상 상대를 공격하고, 잘못을 인정하지 않으며, 지더라도 패배를 인정하지 마라." 실제 트럼프의 행보엔 이런 '가르침'이 잘 나타나는 듯합니다. 트럼프가 과거 출연했던 예능 프로그램 제목이기도 한 어프렌티스는 '견습생'이란 뜻입니다. 오늘의 트럼프를 만든 견습생 시절이 궁금한 분들께 추천합니다.

"무엇이 청년 트럼프를 변하게 했나" (김동현 기자, 2025년 2월 1일)

089

시각장애인 '눈'이 되어줄 AI 스마트 안경 나왔다

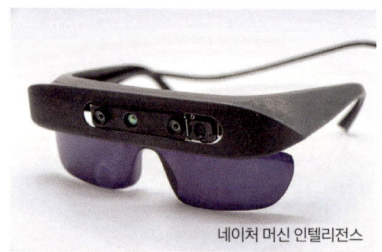
네이처 머신 인텔리전스

시각장애인에게 '제2의 눈'이 되어줄 수 있는 인공지능(AI) 스마트 안경이 국제 학술지 '네이처 머신 인텔리전스(Nature Machine Intelligence)'에 14일 소개됐다.

학술지에 따르면, 중국 상하이 자오퉁대에서 인공지능·생체공학을 연구하는 구레이레이 교수팀은 스포츠용 선글라스처럼 생긴 스마트 안경을 개발했다. 이 제품엔 주변 환경을 실시간으로 촬영하는 스마트 카메라와 이어폰이 달렸다. 카메라가 사진을 찍으면 이를 AI가 바로 분석해 눈앞에 장애물이나 다가오는 사람이 없는지를 확인, 그 분석 내용을 0.25초마다 이어폰을 통해 소리로 전달한다. 이동해야 할 방향에 맞춰 오른쪽이나 왼쪽 귀에 '삑' 소리를 들려줘 어느 쪽으로 움직일지 알려주는 식이다.

손목과 손가락엔 진동 패치를 찬다. 장애물이 가까워지면 손가락의 패치가 부르르 떨며 경고 신호를 보낸다. 손을 뻗어 물건을 집으려 할 땐 살짝 다르게 진동하면서 '지금 잡으면 된다'고 알려준다. (계속)

연구팀은 시각장애인 20명에게 해당 장치를 착용하고 길을 걷는 테스트를 했다. 미로처럼 생긴 길을 실내에 만들어 놓고, 불편 없이 걷는지 봤다. 가구가 많은 회의실, 복잡한 시내 거리에서도 같은 실험을 했다. 연구팀은 "참가자들이 장치를 착용하고 걸었을 때 걸리는 시간이 지팡이에 의존했을 때보다 평균 25% 줄었고, 같은 시간 동안 걷는 거리도 지팡이 때보다 25%가량 늘어났다"고 밝혔다. 스위스 바젤의 시각임상의학연구소장 보런드 로스카는 "이 장치는 멀리서부터 다가오는 장애물과 그 종류까지 파악해서 알려준다는 점에서 혁신적"이라고 했다.

이 학술지는 "해당 장치가 아직 시제품 단계로 상용화하려면 더 많은 실험을 거쳐 안전성을 확보할 필요가 있다"고 지적했다. 연구팀은 "향후 장비를 더 작게 만들어 실용화에 나설 계획"이라고 했다.

"시각장애인 '눈'이 되어줄 수 있는 AI 스마트 안경 나왔다" (송혜진 기자, 2025년 4월 16일)

090

왼쪽으로 누워 자야 하는 이유

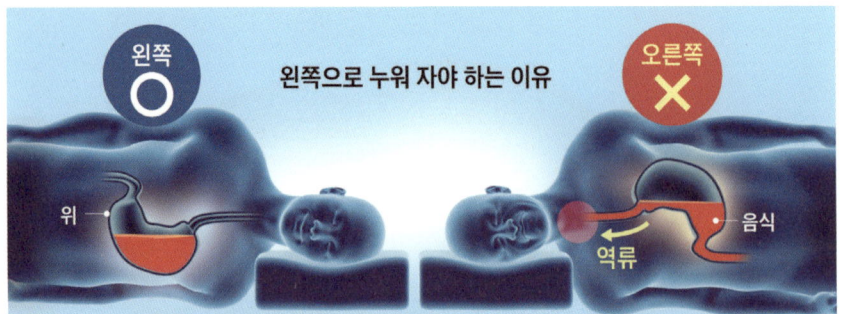

위식도 괄약근은 식도와 위 사이에 위치해서 위 내용물이 식도로 역류하지 않도록 조절하는 기관이다. 이 괄약근은 연동운동에 맞춰 이완과 수축을 반복하며 정상적인 음식 소화 흐름을 유지해 준다.

그러나 나이가 들수록 괄약근 기능과 구조가 노화해 위식도 역류 질환 발생 위험이 커진다. 위식도 괄약근을 구성하는 평활근육과 결합 조직의 콜라겐과 탄력 섬유가 감소하면서 지지력이 약해진다. 이로 인해 괄약근은 대략 60세부터 수축력이 떨어져 조여주는 힘이 약해지고 느슨해진다. 식도 점막도 노화로 방어 능력이 떨어지기 때문에 역류 발생 시 더 쉽게 염증(식도염)이 생긴다. (계속)

국내에서 한 해 486만 명이 위식도 역류병으로 의료 기관을 찾는데, 60대가 가장 많다. 다음은 50대, 70대 순이다. 노인은 통증 인지 능력이 떨어져 무증상 역류가 흔하다. 이 때문에 식도염이 상당히 진행된 후 진단받기도 한다.

나이 들면 위식도 역류를 개선하고, 예방하는 생활 자세를 가져야 한다. 먹은 음식도 중력에 따라 이동하므로 식사 후 바로 누우면 위산이 든 음식물이 위장에 오래 머물고 식도 쪽으로 역류할 가능성이 커진다. 식후 최소 2시간 안에는 눕지 말아야 한다. 밥 먹고 몸이 앞으로 기울어지는 자세를 잡으면 위장이 압박받아 역류를 유발할 수 있다. 술은 괄약근 조임을 풀리게 하고, 기름진 음식은 위장 체류 시간이 늘어나 역류를 조장한다. 명치 쪽 속쓰림 같은 역류 증상이 있으면 왼쪽으로 누워 자는 것이 증상 개선에 도움이 된다.

"위식도 역류병 60대 최다… 잘 때 왼쪽으로 누우면 증상 줄어듭니다" (김철중 기자, 2025년 4월 10일)

주장하는 글쓰기
칼럼·사설·역사 기사로 논리 전개와 관점 제시 훈련

주장문이란?

자신의 생각이나 의견을 독자에게 설득력 있게 전달하는 글입니다. '내가 왜 이렇게 생각하는지'에 대한 논리적 근거와 감정적 설득이 함께 담깁니다. 칼럼, 사설, 시사 해설 등을 통해 논증력과 관점 표현을 연습할 수 있습니다.

핵심은 '명확한 입장' + '근거 제시'

① 주장이 선명하고, 논리 구조가 단단해야 설득력이 생깁니다.
② 실제 사례, 통계, 전문가 인용 등을 근거로 활용하면 효과적입니다.

> 예시 "청년층을 위한 주택 정책은 단기 임대보다는 자산 형성을 돕는 방향으로 설계돼야 한다. 안정적인 주거 환경은 근로 의욕과 출산율에도 직접적인 영향을 미치기 때문이다."

주장문 필사의 효과

① 논리 전개 훈련과 설득력 있는 글 구성 능력.

② 사실을 기반으로 한 주장을 펼쳐나가는 감각.

이렇게 따라 써보세요

① 주장-근거 또는 예시-결론 구조로 나누어 읽어보세요.

② 주장문에서 가장 힘 있는 문장을 찾아 밑줄 그어보세요.

③ 같은 주제에 대해 나만의 주장을 한 문장으로 써보세요.

091

의대 말고 공대를 가게 하려면

　인공지능(AI)과 생명공학, 반도체 등 치열한 기술 경쟁이 펼쳐지고 있는 최첨단 분야에서 활동하는 과학자들을 인터뷰하면서 얻은 깨달음이 있다. 중국의 부상(浮上)을 피부로 느낀다는 것이다. 각 분야에서 중국의 경쟁력이 어느 정도 수준인지 궁금해 일부러 질문지에 넣어 묻기도 했다. 돌아오는 답은 예상을 훨씬 뛰어넘었다. 각 분야에서 석학 반열에 오른 영미권 과학자들은 이구동성으로 "중국의 과학은 세계 일류 수준이 된 지 이미 오래"라고 했다.

　중국이 앞서 나가는 분야도 특정 영역에 치우치지 않았다. 작년 11월 만난 서배스천 승 프린스턴대 교수는 인간의 뇌에 대한 실마리를 얻기 위해 작은 곤충의 뇌(腦)를 연구하는 분야에서 중국 연구진의 성과는 무서울 정도라고 했다. 세계 4대 AI 석학으로 불리는 앤드루 응 스탠퍼드대 교수는 "한 회사가 개발한 모델의 소스를 공개해 서로 응용하고 발전시키는 방식을 쓰는 중국이 현재 발전 속도를 유지하면 조만간 글로벌 AI 시장을 지배할 것"이라고 단언했다. 젠슨 황 엔비디아 최고경영자가 차세대 글로벌 전쟁터가 될 것으로 점찍은 휴머노이드 로봇 분야도 중국 기업이 야금야금 점령 중이다. '짝퉁의 천국'이라고 비웃던 중국은 정말 과거의 나라라는 것이다.

　중국이 공산당 일당 독재이기 때문에 국가가 주도해 집약적으로 산업을 발전시킬 수 있다는 지적도 있다. 일견 맞는 말이지만, 최근 연구실

에서 만난 윤석현 하버드 의대 교수는 "그 이상의 요소가 있다"며 자신의 경험을 전했다. 광(光)의학 분야 석학으로 하버드대에서 20년간 학생을 가르쳐온 그는 "상당수 중국 학생들이 돈보다 학문에 대한 순수한 열정을 갖고 온다. 그 열정이 미래의 중국을 만드는 원동력이 될 것"이라고 했다. 중국 학생들의 눈빛에서 '결기'를 보게 된다는 그의 말을 들으니, 중국의 무서운 성장세에 대해 알지 못했던 이면을 보는 듯했다.

한국에서 젊고 유능한 학생들이 고수익의 안정된 직업을 갖기 위해 의대로 몰린다는 사실은 이제 비밀도 아니다. 그렇다고 이들을 공대 등 더 다양한 세상으로 끌어낼 방법이 없지는 않다. 합리적인 판단을 하는 젊은 세대는 성과에 대한 정당한 보상을 받기 원한다. 의대가 아닌 공대를 가더라도 자신이 좋아하는 학문을 열정적으로 연구하고, 스타트업이나 빅테크 취업을 통해 충분히 역량을 펼칠 수 있는 생태계를 만들어줄 필요가 있다. 미국에서 자신의 영역에 집중해 뛰어난 성과를 낸 빅테크 기술자들은 30대에도 수억~수십억 원을 번다. 젊은 세대가 자신이 좋아하는 일에 도전하다 실패하더라도 다시 일어설 수 있는 사회적 안전망을 세우고, 얼마든지 세계와 당당하게 겨룰 기회를 가질 수 있다는 자신감을 심어주는 일도 필요하다. 학생들의 눈빛이 반짝반짝할 때 정체되어 있는 한국의 국가 경쟁력도 되살아날 것이다.

"의대 말고 공대를 가게 하려면" (윤주헌 기자, 2025년 4월 12일)

092

돈 없이 오래 사는 건 재앙…
'우물형 자산'부터 만들어라

의학 발달로 수명이 늘고 있다. 작년 보험개발원에 따르면 여성 평균 수명은 90.7세, 남성 평균 수명은 86.35세로 측정됐다. 5년 전보다 각각 2.2세, 2.8세 늘어난 수치다. AI(인공지능) 기술의 발전은 수명 연장에 대한 기대감을 높이고 있다. 오래 사는 것이 재앙이 아니라 축복이 되려면 우리는 어떻게 노후를 준비해야 할까.

김동엽 미래에셋연금과투자센터 상무는 4대 장수 리스크를 풀어 설명했다. 첫째 리스크는 '무전장수(無錢長壽)'다. 돈 없이 오래 사는 일은 재앙이라는 것이다. 자신보다 자신의 자산이 하루라도 오래 버티도록 미리 준비할 것을 강조했다. 이를 위해선 차곡차곡 쌓아뒀다가 은퇴 후 소득이 끊겼을 때 하나씩 '빼서' 쓰는 곳간형 자산보다는 '우물형' 자산을 늘리라고 했다. 아무리 퍼서 써도 마르지 않는 우물처럼 매달 지속적으로 현금을 만들어주는 우물형 자산을 확보하라는 뜻이다. 연금과 임대 소득, 배당금 등이 대표적이다.

둘째 리스크는 '유병장수(有病長壽)'다. 2022년 조사에 따르면 한국 남성의 병치레 기간은 14년 8개월, 여성은 19년 1개월이었다. 김 상무는 "수명 연장의 기쁨도 질병과 함께하면 반감된다"고 말했다. (계속)

셋째 리스크는 '무업장수(無業長壽)'다. 은퇴 후 일 없이 살면 매일이 행복할까. 늘어난 시간을 등산과 여행으로만 채우기에는 노후가 너무 길다. 재취업을 하면 가장 좋지만, 현실적으로 쉽지 않다.

그는 '관계 다이어트'를 해보라고 조언했다. 불필요한 관계는 정리하고, 앞으로 오래갈 소중한 인연들에게 더욱 시간을 쏟는 것을 추천했다. 이를 위해 휴대전화에 저장된 연락처를 엑셀로 다운로드한 뒤 세 그룹으로 분류해 본다. 가족과 가까운 친척을 1그룹에, 친구를 2그룹에, 업무적으로 연결된 사람을 3그룹에 넣은 뒤 3그룹을 몽땅 지운다. 그리고 1·2그룹 사람 중 최근 6개월 이내에 통화하지 않은 사람을 다 지운다.

마지막 리스크는 '독거장수(獨居長壽)'다. 배우자와 함께 사망하지 않는 한, 우리 모두 언젠가는 싱글이 되는 셈이다. 평생 결혼하지 않는 비혼도 많고, 나이 들어 이혼하는 황혼 이혼도 많다. 따라서 혼자 살 때를 대비해야 한다.

배우자가 먼저 사망하면 내가 받을 연금은 얼마나 되는지, 1인 가구가 되면 어떻게 생활비를 마련할 것인지 시뮬레이션해 보며 경제적 준비를 해둬야 한다. 이뿐 아니라 자신의 사망 후 홀로 남을 배우자의 노후 준비도 신경 써야 한다. 예컨대 자신이 사망하면 배우자가 받을 수 있는 연금이 얼마나 되는지, 주택 연금 같으면 내가 죽더라도 배우자가 계속 수급할 조건이 되는지 등을 알아봐야 한다.

"돈 없이 오래 사는 건 재앙… '우물형 자산'부터 만들어라" (김은정 기자, 2025년 5월 27일)

한국형 '1,000人 계획' 같은
특단 대책 필요하다

　전 세계 대학·연구소를 대상으로 국제 학술지 〈네이처〉가 매년 발표하는 연구 역량 랭킹에서 한국은 올해 50위권 안에 단 한 곳도 오르지 못했다. 과학기술 논문 수와 영향력 등 연구 성과를 바탕으로 매기는 이 순위에서 한국은 서울대 52위, 카이스트 82위로 두 곳만 100위권에 들었다. 반면 중국은 중국과학원이 1위를 차지하는 등 톱10에만 8곳이 이름을 올렸다. 같은 때 발표된 세계 대학 평가에서 서울대조차 38위로 밀려났다. 이 역시 중화권 대학들의 약진이 두드러진다. 중국의 '과학 굴기'와 한국의 과학 침체가 이대로 계속되면 우리 먹거리 자체가 사라질 것이다.

　과학기술은 예나 지금이나 나라 흥망성쇠를 좌우한다. 핵심은 결국 인재 경쟁력이다. 미·중을 비롯한 주요국은 과학기술 인재 양성에 총력전을 펼치고 있다. 중국이 저비용 고효율 AI 딥시크로 세계를 놀라게 하고 전기차·휴머노이드·드론·배터리 등에서 글로벌 톱으로 부상한 것도 전략적으로 키운 인재들이 인해전술처럼 쏟아진 덕이다. (계속)

하지만 가진 것은 사람뿐이라는 한국에선 인재가 말라가고 있다. 성적 좋은 학생은 의대로 쏠리고, 그나마 키운 인재는 해외로 떠난다. AI·빅데이터·클라우드·나노 등 4대 신기술 분야에서만 연간 6만 명의 인력이 부족하다는 분석이 나왔다. 그런데도 한국을 떠난 이공계 석·박사급 인재가 최근 10년간 9만 6,000명에 달한다. 보통 심각한 사태가 아니다.

19일 국무회의는 이공계 지원 특별법 시행령을 의결했다. AI 산업의 기반을 확충하고, 역량 있는 신진 연구자에 대한 전폭적인 지원이 주 내용이다. 하지만 이 정도로는 역부족이다. 그만큼 중국과 격차가 커지고 있다.

최근 서울대 공대는 '한국판 천인(千人) 계획'을 제안했다. 중국이 막대한 예산을 투입해 해외 석학을 유치한 것이 '천인 계획'이다. 우리도 5년간 전임연구원 1,000명을 선발해 5억~10억 원 상당의 파격적 연봉과 주택을 제공하자는 게 한국판 천인 계획이다. 일각에선 부정적 시각도 있지만 지금 사정이 한가하지 않다. 검토해 볼만하다.

"한국형 '1,000人 계획' 같은 특단 대책 필요하다" (2025년 6월 20일)

094

수익률 세계 1위 연금 되려면

　국민연금이 캐나다 연금처럼 수익률 세계 1위 기관이 되려면 지배 구조 개편, 서울 사무소 설치, 직원 인센티브 강화 등 대대적인 조직 쇄신이 필요하다.

　우선 국민연금이 정치에 휘둘리는 '연금 사회주의' 위험에서 벗어나, 오직 수익 중심으로 운영되려면 최고 의사 결정 기구인 기금운용위원회를 정부에서 독립시키고, 전문가 체제로 개편해야 한다. 보건복지부 장관이 위원장이고, 고용노동부, 농림축산식품부 등 네 부처 차관이 당연직 위원이며, 공공노조 위원장, 한국노총 부위원장 등 이사진 면면이 투자 전문가와는 거리가 멀다.

　캐나다 연금의 경우 본부(CPP)와 투자 기관(CPPIB)이 분리돼 있고, CPPIB의 이사회는 1급 투자 전문가들로 구성돼 있다. 또 CPPIB법에 "(정치적 고려 없이) 수익률 하나만 보고 투자를 해야 한다"고 못을 박아놔 외풍을 차단할 수 있게 해놨다. 투자 전문가들이라 부동산, 인프라, 사모 펀드 등 고난도 분야에 투자하는 '대체 투자' 비율이 60%에 달한다. 기본 연봉 외에 성과 보수도 별도로 받아 실력 있는 직원은 수십억 원대 보수를 받는다. (계속)

반면 국민연금 기금운용본부는 평균 연봉이 1억 원 남짓이다. 공공기관 인건비 제한을 받기 때문에 과감한 인센티브 지급이 불가능하다. 우수 인력을 유치하기 어렵고, 유치한다 해도 경력만 쌓고 금방 떠난다.

1,200조 원대 돈을 굴리는 국민연금은 '세계 자본시장의 큰손'인데, 외국 투자 기관들이 이름도 모르는 지방 도시, 전주에 본부가 있다. 기금운용본부장을 지낸 A씨는 "월가의 거물이 아시아에 출장을 오면 촘촘한 일정으로 홍콩, 싱가포르, 일본, 한국을 한 바퀴 도는데, 왕복에 6~7시간씩 걸리는 전주 방문은 엄두도 못 낸다"면서 "본부를 서울로 옮기거나, 최소한 서울 사무소라도 설치해야 한다"고 말했다.

"수익률 세계 1위 연금 되려면" (김홍수 기자, 2025년 4월 11일)

095
고수는 아플수록 복기한다

영화 '승부'를 보기 전에는 이창호 9단의 성장 드라마인 줄 알았다. 착각이었다. 조훈현 9단의 재기 드라마였다. 알다시피 조훈현과 이창호는 사제지간이다. 이창호는 스승을 넘어서며 청출어람의 본보기를 보여주지만 영화는 거기서 끝나지 않는다. 이창호에게 모든 타이틀을 빼앗기고 바닥으로 떨어진 조훈현이 제자에게 다시 도전하는 게 서사의 중심이다.

바둑을 소비한 영화는 더러 있었지만 바둑 인생을 진지하고 깊게 들여다본 영화는 '승부'가 처음이다. 1989년 제1회 잉씨배에서 세계를 제패한 조훈현은 김포공항에서 한국기원까지 카퍼레이드를 했다. 집에 돌아오니 열네 살 여드름투성이 이창호(당시 4단)가 기다리고 있었다. 1984년부터 한집에서 먹고 자며 가르친 제자. 그런데 바둑 스타일은 서로 정반대였다.

'승부'는 대국이 아니라 복기 장면으로 눈을 사로잡는다. 복기란 이미 둔 바둑을 처음부터 다시 짚는 일이다. 어떤 수에서 승패가 갈렸는지, 승자는 무엇을 보고 패자는 무엇을 보지 못했는지, 흑돌과 백돌로 '가지 않은 길'을 놓아보는 것이다. 물어뜯고 덤빌 대목에서 왜 물러났냐고 조훈현이 꾸짖자 이창호가 떠듬떠듬 대꾸한다. 그렇게 하면 싸움이 붙고 자칫하면 역전당할 수 있다고. 하지만 물러서면 적어도 반집은 이긴다고.

(계속)

제자는 스승을 이기기 위해 스승의 기보를 복기한다. 조훈현의 바둑은 빠르고 날렵하며 공격적이다. 이창호는 느리지만 두텁고 묵직하다. 조훈현이 강수를 두고 기세를 올릴 때 이창호는 싸움을 피하며 안전한 길로 간다. 시끄럽게 하지 않고 조용히 반집만 이기는 계산 바둑이었다. 이창호는 1990년부터 스승의 타이틀을 하나둘 빼앗기 시작했다.

1995년 조훈현은 다 털리고 무관(無冠)으로 전락한다. 수없이 죽는 경험의 연속이었을 것이다. 하지만 조훈현은 패배에 익숙해지거나 좌절하며 몰락하지는 않았다. 이 승부사가 바닥을 치고 올라가 다시 정상에 서는 과정이 '승부'의 하이라이트다. 영화에서 조훈현(이병헌)은 말한다. "창호 덕분에 많이 배웁니다. 내가 언제든 질 수 있다는 걸. 창호가 그랬듯이 이제 제가 창호에게 도전해야죠."

승부의 세계에서 복기는 기본이다. 복기를 해야 무엇을 잘했고 무엇을 잘못했는지 알 수 있기 때문이다. 몇 년 전 국회에서 조훈현을 만났다. 비례대표로 금배지를 달았지만 정치판에서 패배를 인정하고 불출마를 선언한 때였다. "바둑은 실수가 적은 쪽이 승리하는데 정치도 마찬가지더군요. 여당이나 야당이나 '누가 더 못하나 경쟁'을 하고 있어요. 정치인들이 복기하고 반성하면서 민심을 제대로 읽어야 하는데…." (계속)

바둑판만 끌어안고 고요하게 산 줄 알았는데 머릿속만큼은 누구 못지않게 요동치는 파란만장한 인생이었다. 조훈현은 젊은 나이에 전관왕과 세계 일인자에 올랐다가 제자에게 다 빼앗긴 과거를 '쓰라리면서도 행복한 경험'으로 회고했다. 당장은 괴로웠지만 더 잃을 게 없는 바닥이고 올라갈 일만 남았다 생각하니 홀가분해졌다고. 담배를 끊고 기풍을 바꿨다. 1998년 국수전 결승에서 이창호를 꺾으며 그는 부활했다.

조훈현의 가장 큰 적은 과거의 영광과 익숙한 기풍에 갇힌 자신이었다. 통산 1966승 9무 846패. 여전히 현역인 그는 최선을 다해 바둑을 두고 복기한다. 포석, 행마, 대세점, 형세판단, 사석작전, 타개…. 적을 적으로만 본다면 결코 배울 수 없다. 마음을 고쳐먹으면 행동이 바뀌고 결과도 달라진다. 바둑판에서 얻은 깨달음이지만 어느 인생이나 근본은 같다. 왜 실패했는지 정확히 진단해야 같은 실수를 반복하지 않는다. 남의 탓으로 돌리거나 부인하지 말아야 한다. 고수는 아플수록 복기한다.

"고수는 아플수록 복기한다" (박돈규 기자, 2025년 4월 7일)

묘사하는 글쓰기

인터뷰·르포·문화 기사로 현장감 있는 서술 훈련

묘사문이란?

사람, 풍경, 상황, 감정을 구체적으로 표현하여 독자가 마치 '보고 듣고 느끼는 것처럼' 만들도록 돕는 글입니다. 감정과 장면, 인물의 분위기를 살려 독자의 감각과 공감을 자극하는 글입니다. 인터뷰, 르포, 문화 기사를 따라 쓰며 묘사력을 기릅니다.

핵심은 '감각적인 언어' + '장면 구성력'

예시 "황영조는 출발선 앞에서 두 손을 들어 올렸다. 흐릿한 미소 뒤로 그날의 무거운 기억이 묻어났다."

묘사문 필사의 효과

① 독자의 감정을 움직이는 표현법 훈련.

② 인터뷰, 스토리텔링, 수필 등 감성 글쓰기 능력 향상.

③ 관찰력과 표현력을 키우는 데 효과적 방법.

이렇게 따라 써보세요

① 글을 읽고 난 뒤에 사진을 찍듯이 기사 속 장면을 상상해 보세요.

② 장면 묘사에 사용된 형용사, 동사를 따로 모아보세요.

③ 같은 장면을 자신만의 말로 재묘사해 보는 것도 큰 도움이 됩니다.

096

다시 풀코스 달리는 황영조의 러닝 강습

큰 변고가 없다면 우리는 누구나 걷고 뛴다. 하지만 운동으로서 달리기는 선뜻 용기가 안 난다. 어떻게 뛰어야 할까. 러닝 초보 기자가 1992년 스페인 바르셀로나 올림픽 마라톤 금메달리스트, 황영조(55) 국민체육진흥공단 감독에게 배워봤다. 핵심은 "걷듯이 뛰라"는 것.

기본 동작부터. 우선 발이 팔자가 돼서는 안 된다. 앞에 긴 직선이 뻗어져 있다고 치자. 이 직선을 따라 무릎이 스치듯이 양발을 일자로 놓아가며 뛴다. 양반들은 아마도 힘들 것이다. 초보라면 보폭을 내 발 하나 정도 크기로 작게 둔다.

그다음, 착지할 때 발의 어디로 디디느냐. '영조형(황 감독의 별명이자 유튜브 채널명)'이 쏘아 올린 작은 공. 미드풋과 카본화 논란이 여기서 나온다. 신발 중창에 '카본 플레이트(탄소 섬유)'가 든 특수 러닝화, 카본화의 등장으로 세계 마라토너들의 기록이 단축되고 있다. 뒤꿈치에 스프링을 장착하고 뛴다고 이해하면 쉽다. 카본화를 신으면 미드풋(발바닥 전체 면으로 딛는 것)으로 착지하게 된다. (계속)

문제는 이 카본화가 근력이 받쳐주지 않는 초보자나 과체중인 사람들에겐 오히려 부상을 유발하는 '과한 장비'라는 것. 황 감독은 "나도 못 신는다. 돈 줘도 안 신는다"며 "최근 이순신 백의종군길 마라톤대회에서도 카본화 신은 2명이 발목 부상으로 앰뷸런스를 탔다"고 했다. 초보자는 쿠션감 있는 운동화를 신고, '리어풋(힐풋·뒤꿈치부터 딛는 방식)' 방식으로 뛰어야 한다. 걷는 것처럼.

팔은 과하게 흔들지 말자. "배꼽 앞에서 삼각형을 만들어 리듬에 방해되지 않도록 자연스럽게 흔든다. 단거리는 팔을 크게 치지만, 오랫동안 뛰려면 에너지 소모를 줄여야 한다." 이상으로 기초 강의는 끝. 이제 뛰어보자.

"죽기 전에 한번 더 뛴다… 심장의 고통 느껴 보고파" (김경화 기자, 2025년 4월 26일)

097

왕도 손댈 수 없는 기록…
'쓰지 말라'는 말까지 적었죠

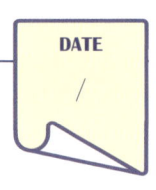

조선 개국 초인 1404년(태종 4년) 2월 8일의 일이었어요. 사냥에 나선 태종 임금이 말을 달리며 화살로 노루를 쏘다가 그만 말이 거꾸러지는 바람에 바닥에 떨어지고 말았습니다. 모두들 놀라 달려가서 괜찮으냐고 물어보는 상황에서 임금은 아프다는 말도 없이 좌우를 돌아보며 이렇게 말했답니다. "(내 창피해 죽겠으니 절대로) 사관이 알게 하지 말라!"

그런데 이 일과 태종의 말은 태종실록에 모두 고스란히 기록됐습니다. 귀신같이 정보를 입수하고, 왕이 그런 명령을 내린 것도 아랑곳없이 사초에 버젓이 쓰는 사람이 바로 사관이었던 것이죠.

당시 민인생이라는 사관은 임금이 사냥을 갔을 때 복면을 쓰고 몰래 뒤따라가기도 했답니다. 심지어 왕이 하는 말을 듣기 위해 병풍 뒤에 숨거나 초대받지도 않은 연회장에 불쑥 붓과 종이를 들고 나타났다고 해요. 태종이 '이건 너무 지나치지 않으냐'고 야단을 치자 민인생은 이렇게 대답했다고 합니다. (계속)

"신이 곧게 쓰지 않는다면, 신의 위에는 하늘이 있습니다." 사관 위에서 하늘이 지켜보고 있으니, 바르게 쓸 수밖에 없다는 항변이었습니다.

표준국어대사전이 설명하는 '사관'의 의미는 이렇습니다. "역사의 편찬을 맡아 초고를 쓰는 일을 맡아보던 벼슬 또는 그런 벼슬아치. 예문관 검열 또는 승정원의 주서(注書)를 이른다." 예문관은 임금의 명령을 기록하는 일을 맡던 관청이고, 승정원은 오늘날의 대통령비서실과 비슷한 곳입니다. 사관은 대략 이런 기관에 소속돼 있었는데, 특히 예문관과 춘추관을 겸직하는 관리 8명이 매일 주요 사건과 왕명 등을 기록해 사초를 만들던 사관이었다고 합니다. 승정원 주서는 실록과 달리 '승정원일기'를 기록했죠.

드라마에는 주로 병풍처럼 멀찌감치 뒤편에 앉아 한마디 말도 없이 줄곧 붓글씨를 쓰는 역할로 나오지만, 현실에서 사관의 중요성은 무척 컸습니다. 실력과 가문이 모두 좋은 인재들이 뽑혔고, 자부심과 사명감도 대단했다고 해요.

"왕도 손댈 수 없는 기록… '쓰지 말라'는 말까지 적었죠" (유석재 기자, 2025년 6월 19일)

'뽀빠이'와 송해

몇 년 전 어느 날 신문사에 부재중 전화가 와 있었다. 남긴 번호로 연락해 보니 '뽀빠이' 이상용이라고 했다. '우정의 무대'를 진행하던 모습과 후원금 횡령 의혹으로 고초를 겪은 일을 떠올리며 용건을 물었다. 그는 "아무개를 인터뷰한 기사를 읽었다"며 대뜸 "더 재미있을 테니 나를 인터뷰해 보라"고 했다.

기자로 일하면서 그런 제안을 받기는 처음이었다. 이른바 '자가발전'을 하는 부류를 좋아하지 않는다. 왜 당신을 취재해야 하는지 묻자 "세상이 어려울 때 웃음과 희망을 줄 수 있기 때문"이라고 뽀빠이는 답했다. 돌려 말하지 않는 그 자신감에 흥미가 생겼다. "재미없으면 안 쓰겠다" 하고 인터뷰 약속을 잡았다.

뽀빠이는 만나자마자 "내 상표는 근육"이라며 알통부터 내밀었다. 과연 크고 딴딴했다. 그는 강연가로 제2의 인생을 살고 있었다. 시청, 도청, 군청, 농협, 노인회, 병원, 소방서, 학교…. 전국에서 전화가 빗발친다며 으스댔다. "국민에게 웃음을 주면서 쪼그라든 마음을 펴주고 싶다. 나를 필요로 하는 곳이 아직 많아 행복하다." 롤모델은 송해라고 했다. (계속)

한 줄만 읊어도 청중이 다 쓰러진다는 레퍼토리가 3만 5,000개. "나이 많지, 얼굴 별로지, 키 작지, 악조건이란 악조건은 다 가지고 있다"는 그가 웃음 보따리를 풀었다. "박세리, 박찬호, 엘리자베스 여왕의 공통점 3가지 알아? 내가 창작한 거야. 첫째, 다 공주다. 둘째, 모자를 좋아한다. 셋째, 전부 공을 가지고 논다. 엘리자베스 여왕이 필립공 가지고 놀잖아!"

일단 웃음이 터지면 그걸 물고 들어가 정신을 빼놓는다고 했다. 뽀빠이는 멈추지 않았다. "내가 13번이나 중앙정보부 불려갔어. 가면 웃기고 나와. 국회의원이 좋아하는 사자성어가 뭐냐? 파란만장! 파란 거 만장이면 1억, 돈이여 돈!" 그는 노숙자들 앞에서도 "여러분 행복한 줄 알아라. 어제 죽은 재벌은 오늘 아침에 라면도 못 먹는다"로 웃긴다고 했다.

뽀빠이의 부고(訃告)에 그 익살 펀치가 떠올랐다. '우정의 무대'가 폐지되고 한동안 그를 불러주는 곳이 없었다. 그때 송해가 뽀빠이를 위로했다. "네가 작은 놈 같았으면 건드리지 않았다. 건드리는 거 보니까 많이 컸구나. 기죽지 마라!" 작은 거인 둘이 하늘에서 재회하는 장면을 상상한다. "빰빠빠 빰빠~빰~빠~" 전국노래자랑 시그널이 울려 퍼지고 그가 등장할 것이다. "형님, 뽀빠이예요!"

"뽀빠이와 송해" (박돈규 기자, 2025년 5월 17일)

099

냉탕 옆에서 삼겹살?
등 안 밀어도 시원하네~

간판에 이렇게 쓰여 있다. 목욕의 방언. 출입문에 적힌 문구를 보면 더욱 분명해진다. '목욕탕'. 벽에 붙은 팻말이 보인다. "21세기는 물의 시대. 물을 아껴씁시다. 한국수자원공사", "몸을 씻고 탕에 들어갑시다", 흰색과 하늘색 모자이크 타일, 곳곳에 걸린 샤워기….

그러나 홀린 듯 들어가다 보면 '등 외에는 사용하지 말라'는 자동 때밀이 기계 옆에서 상추에 삼겹살을 싸 먹고 있는 자신을 발견할 수 있다. 부산 사하구의 '신선탕'을 개조해 만든 고깃집 '신선목간구이' 사장님은 말했다. "뱃살 빼 준다는 물대포까지 고깃집에 그대로!"

열탕 옆에서 술잔을 기울이며 말한다. "다 때가 있다." 직원은 말했다. "오늘 물 좋습니다." 목욕탕의 변신은 자유분방하다. 묵은때 벅벅 벗겨내던 추억의 동네 목욕탕은 갈수록 찾아보기 어려워지는데 어찌 된 일인지 목욕탕 콘셉트 공간은 늘어가고 있다. 술집·카페에 이어 최근엔 삼겹살집이나 서점, 양조장, 갤러리 등까지 목욕탕의 모습을 하고 있다. 대부분 실제 목욕탕을 개조한 것. 더워지는 날씨에 폭포수 같은 냉수와 시원~한 식혜 한 모금 떠올리며 이런 공간을 찾는 젊은 층이 늘어 간단다. (계속)

목욕탕 콘셉트의 때아닌 유행에는 슬픈 사연이 있다. 전문가들은 "코로나 이후 사실상 '영업 종료' 상태였지만 철거되지도, 팔리지도 못한 목욕탕 건물들이 새 주인을 찾아 개조되면서 일어나는 현상"이라고 분석한다. 공중위생 덕에 흥한 목욕탕은 코로나 시기를 거치며 같은 이유로 쇠락했다.

정녕 희망은 없나. 자구책을 찾은 지역이 일본 교토다. 목욕 가업을 잇는 업체 중심으로 최근 낡은 시설을 개·보수하고 신식 사우나실 등을 만들며 '젊은 목욕객'을 사로잡고 있다. 그러면서 '사활(サ活·사우나 활동)' '사밥(사우나 밥)' '사술(사우나 술)' 등의 용어와 "토토노(ととのう·심신이 안정된 상태에서 느끼는 고양감)를 즐기기 위해 목욕탕에 간다"는 사람도 생겼다고. 김경민 서울대 도시계획학과 교수는 "젊은 층을 붙잡기 위해 신축 건물에 일부러 목욕탕을 넣기도 한다"며 "연간 8,900만 명이 통행하는 하라주쿠 진구마에 교차로에 생긴 하라카도 건물이 대표적"이라고 했다. 목욕탕의 봄, 차갑게 식은 탕이 데워질 날이 국내에도 오려나?

"폐업한 동네 목욕탕, 그 변신은 무죄" (조유미 기자, 2025년 5월 24일)

100

'그랜드슬램' 달성한
로이 매킬로이 우승 소감

　꿈이 이루어졌습니다. 믿을 수 없습니다. 이번이 마스터스 17번째 출전이었는데, '과연 이번엔 될까?' 불안해하곤 했습니다. 지난 11년 동안 커리어 그랜드슬램을 이뤄야 한다는 부담을 안고 오거스타 내셔널 골프 클럽에 왔는데, 내년엔 어떤 기분일지 궁금합니다.

　시상식에서 1997년 타이거 우즈가 이곳에서 첫 '그린 재킷(마스터스 우승자가 입는 옷)'을 입는 모습을 보며 얼마나 많은 선수가 그 길을 따라가고 싶었는지 얘기했습니다. 그 멋진 옷을 입을 수 있을까 의심할 때도 많았죠. 이번 대회 마지막 날도 쉽지 않았습니다.

　너무 긴장됐습니다. 골프를 하면서 가장 힘든 하루였죠. 아침부터 속이 니글거렸고, 종일 입맛도 없었습니다. 다리는 후들거렸죠. 그러나 이런 긴장감이 자연스럽고 좋다고 생각했습니다.

　이런 긴장이 없다면 오히려 문제가 있는 게 아닌가 느꼈습니다. 눈앞에만 집중하면서, 다음 샷도 그다음 샷도 잘 치자는 생각뿐이었습니다. 자신과의 싸움인 셈이었죠. 마지막 순간엔 저스틴 로즈와 경쟁이었지만, 진짜 싸움은 제 안에서 일어났습니다.

　재밌는 건 첫 홀에서 더블보기를 하고 나니 긴장이 풀렸습니다. 두 번째 홀로 걸어가면서 욘 람(스페인)이 떠올랐죠. 람도 첫 홀에서 더블보기를 쳤지만 우승을 했거든요. 적어도 멘털을 제대로 유지하고 있구나 생

각하니 긍정적으로 대회를 시작할 수 있었습니다.

롤러코스터 같은 하루였습니다. 코스가 너무 까다로웠어요. 그린이 단단하고 빨라서 마스터스가 아니라 US오픈 같았습니다. 1번 홀과 13번 홀에서 더블보기 후 반등할 수 있었던 게 자랑스러웠죠. 마스터스 챔피언 중 네 번 더블보기를 한 선수가 있었는지 모르겠네요. 아마 처음일 거예요.

연장전 우승 퍼트를 넣고 그린에서 저도 모르게 표출한 감정은 적어도 11년, 어쩌면 14년간 쌓여 온 겁니다. 그 순간 기쁨보다 안도감이 들었습니다. 기쁨은 그 뒤에 서서히 느껴졌죠. 마지막 라운드가 열린 일요일 아침 라커에 앙헬 카브레라(아르헨티나)가 남긴 쪽지가 있었어요. 행운을 빈다는 내용이었죠. 앙헬은 2011년 최종 라운드에서 동반 플레이를 했던 선수예요.

어려운 여정이었습니다. 2014년 8월 PGA 챔피언십 우승 이후 커리어 그랜드슬램 부담을 계속 안고 있었어요. 앞서 커리어 그랜드슬램을 달성한 5명을 따라잡고 싶은 마음은 큰데, 계속해서 다른 선수들이 그린 재킷을 입는 모습을 지켜보는 게 쉽진 않았어요. 하지만 긍정적인 마음을 유지하려고 했죠. 다행히 이제 무거운 짐을 내려놓을 수 있게 됐습니다. 앞으로는 편한 마음으로 마스터스에 돌아올 수 있어 행복합니다.

골프에서는 낙관주의자가 되어야 합니다. 지겹도록 이 말을 했지만 지금도 이 말을 믿습니다. 덕분에 전 10년 전보다 나은 선수가 됐습니다. 매

년 마스터스에 도전하면서 우승을 하지 못한 채 평정심을 유지한다는 건 힘들었습니다. 노력해도 안 된다면 마음은 무너지기 마련입니다. 이번 마스터스에서도 마지막 9개 홀에서 실수를 할 때마다 "또 기회를 놓치는 건가"라는 생각이 들었습니다. 하지만 중요한 순간 결정적 샷으로 잘 대응했고 스스로 대견했습니다. 감정적으로 힘든 한 주였지만, 마지막에 웃을 수 있어 기쁩니다.

돌이켜보면 2011년 마스터스에 아깝게 우승을 놓쳤던 그 선수는 아직 세상을 잘 모르는 젊은이였던 것 같습니다. 모르는 게 더 많았고 아직 더 성장해야 할 선수였죠. 어떻게 그 좋은 기회를 망친 건지 그땐 잘 몰랐습니다. 하지만 그런 고비들을 거치면서 조금씩 성장했고, 그때의 저를 만난다면 이렇게 말해주고 싶습니다. "끝까지 버텨라. 믿음을 잃지 말고."

전 꿈을 현실로 만들었습니다. 이 세상 모든 소년 소녀에게 말하고 싶습니다. 여러분의 꿈을 믿으세요. 열심히 노력하고 포기하지 않는다면 뭐든 이룰 수 있습니다.

"골프에선 낙관주의자 돼야… 포기 않고 버티다 보니 꿈을 이뤘다" (민학수 기자, 2025년 4월 19일)

커리어 그랜드슬램

스포츠에서 한 선수가 자기 종목 4개 메이저 대회 우승을 거머쥐는 일. 남자 골프에선 마스터스, US오픈, 디오픈, PGA챔피언십이 해당한다. 지금까지 진 사라센, 벤 호건, 게리 플레이어, 잭 니클라우스, 타이거 우즈, 로리 매킬로이 등 6명만이 업적을 이뤘다.

글쓰기란
곧 다시 쓰기

"초고(草稿)는 다 비슷하게 별로입니다. 이를 누가 더 많이, 오래, 될 때까지 끈질기게 고칠 수 있느냐가 우리를 아마추어와 프로페셔널로 나누는 기준입니다. 초고의 완성은 끝이 아니라 시작입니다. 고치기를 싫어하거나 두려워하는 사람은 결코 훌륭한 작가가 될 수 없습니다."

소설가 문지혁의 책《소설 쓰고 앉아있네》(해냄)에서 읽었습니다. 매거진 채널예스에 연재한 칼럼을 엮은 책으로 소설작법, 작가의 일, 글쓰기의 의미 등을 이야기합니다. 저자는 글을 '단번에' 써야 한다는 '작가-예술가' 신화가 글쓰기에 대한 대표적인 오해 중 하나라고 말합니다. 일필휘지로 천의무봉의 작품을 써내는 작가란 영화나 드라마 속에서나 나오는 존재라는 것이죠. 심지어 헤밍웨이도 이렇게 말했다네요. "뭐든 처음 쓰는 것은 다 쓰레기다(The first draft of anything is shit)."

결국 '방망이 깎는 노인'처럼 성실하게 작품을 다듬을 수 있는 사람이 진정한 작가가 될 수 있다는 이야기인데요. 저자는 "글쓰기(writing)란 언제나 다시 쓰기(rewriting)"라면서 말합니다. "좋은 작가란 긍정적인 의미에서 직장인과 같아요. 매일 정해진 시간과 정해진 장소에서 일정하게 쓰고, 일정하게 좌절하고, 일정하게 고치는 사람만이, 그 길고 건조한 무채색의 지루함을 견딜 수 있는 사람만이 마침내 좋은 글에 도착할 수 있습니다."

 매일 정해진 시간과 장소에서 일정하게 쓰고, 고치는 직장인…. 신문기자야말로 그런 직업일 텐데요. 기사를 후루룩 써서 온라인에 빨리 게재하는 일이 점점 더 중시되고 있지만, 결국 글 쓰는 힘은 인쇄되어 나오면 더 이상 고칠 수 없다는 전제하에 수없이 퇴고를 거듭하며 길러진다고 생각합니다. 이런 생각, 너무 옛날 사람 같은가요?

_ 곽아람 기자, 2024년 9월 28일

부록

틀리기 쉬운 우리말

1 | '몇 일'과 '며칠'

'몇 일'은 '몇 년' '몇 월'과 같이 '몇'에 '일(日)'이 이어진 말이 아니다. 한글맞춤법 규칙에선 '하나의 고유어이면서 어원이 분명하지 않으면 원형을 밝혀 적지 않는다'고 한다. 그렇기 때문에 '몇 일'이라고 쓰는 것이 아니라 소리 나는 대로 '며칠'로 쓰는 것이다.

2 | '바람'과 '바램'

'바람'은 '바라다'에서 온 말이고 '생각한 대로 이루어지기를 원함, 어떤 일이 이루어지기를 기다리는 간절한 마음'이라는 뜻이다. 우리가 종종 잘못 쓰는 '바램'은 '볕이나 습기를 받아 색이 변함, 볕에 쬐거나 약물을 써서 빛깔을 희게 함'이라는 뜻이 있다.

3 | '틀리다'와 '다르다'

'틀리다'는 '사실이 옳지 못하거나 어긋나다'라는 뜻이다. 반대말은 '맞다'이다. 하지만 '다르다'는 '두 대상이 서로 같지 않다'는 뜻이기 때문에 반대말이 '같다(동일하다)'이다.

4 | '잊어버리다' '잃어버리다'

'잊어버리다'의 기본형인 '잊다'는 '한번 알았던 것을 기억해내지 못하다'는 뜻이다. 반면 '잃어버리다'의 기본형인 '잃다'는 '가졌던 물건이 자신도 모르게 없어져 갖지 아니하게 되다'라는 뜻이다.

5 | '일체'와 '일절'

한자 '一切(일체·일절)'에서 '切'은 '모두 체'와 '끊을 절'이라는 두 가지 뜻과 음을 가지고 있다. 상황과 맥락에 따라 '일체'로 읽어야 할 때가 있고, '일절'로 읽어야 할 때도 있다. '일체'는 '모든 것, 전부, 온갖 것, 완전히' 같은 뜻을 나타내고, '일절'은 어떤 내용을 부인하거나 행동을 금지할 때 쓰는 말로 '전혀, 절대로~ (아니다)'라는 뜻을 나타낸다.

6 | '가리키다'와 '가르치다'

'가리키다'와 자주 혼동하는 말이 '가르치다'이다. '가리키다'는 '손가락 등으로 어떤 방향이나 대상을 콕 집어서 보여주거나 말하거나 알려준다'는 뜻이다. 그리고 '가르치다'는 '지식이나 기능, 이치 등을 깨닫거나 익히게 한다'는 뜻이다.

7 | '-장이'와 '-쟁이'

많은 사람들이 '장이'와 '쟁이'를 잘못 쓰고 있거나 자신 있게 사용하지 못하는 경우가 많다. '-장이'는 '어떤 기술을 가진 사람'이라는 뜻이고 '-쟁이'는 '어떤 특성을 가진 사람'이라는 뜻이다.

8 | '키다'와 '켜다'

촛불과 어울리는 동사는 '키다'와 '켜다' 중 무엇일까? '등잔이나 양초 등에 불을 붙이거나 전류를 통하게 하다' 라는 뜻에서 쓰는 말은 '키다'가 아니라 '켜다'이다. '키다'는 일부 지역 사투리를 표준어처럼 잘못 사용하고 있는 말이다.

9 | '도로묵'과 '도루묵'

'도루묵'은 애써 한 일이 헛되이 되거나 기대와 전혀 다르게 변변치 못했을 경우를 비유적으로 뜻하는 말로 '도로묵'은 '도루묵'을 잘못 쓴 것이다. 흔히 아무런 소득이 없는 헛수고를 이르는 '말짱 도루묵' 같이 쓰는데, 관용구로는 '도로아미타불'이 있다.

10 | '주꾸미'와 '숙맥'

많은 사람이 잘못 쓰고 있는 '쭈꾸미'는 사실 '주꾸미'가 맞는 말이다. 발음 또한 [주꾸미]로 해야 한다. 또 "스무 살이나 먹은 녀석이 연애에는 왜 이리 쑥맥인지 몰라"에서 '쑥맥' 역시 많이 쓰는 말이지만 '숙맥'으로 써야 한다. 숙맥이란 숙맥불변(菽麥不辨)의 준말로, '숙맥(콩과 보리)을 구별하지 못할 정도로 세상 물정을 잘 모르는 사람'을 뜻하는 말이다.

11 | '로서'와 '로써'

'로서'는 자격격 조사라고 해서 지위와 신분, 자격을 나타낼 때 쓴다. '로써'는 기구격 조사라고 하는데 어떤 일의 수단이나 도구, 물건의 재료(원료)를 나타내거나 어떤 일의 기준이 되는 시간을 나타낼 때 쓴다. "IT산업 종사자로서 적극적인 의견을 말씀해 주세요" "신재생 에너지 비중을 높임으로써 미래 성장동력을 키워요"가 올바른 표현이다.

12 | '쫓아'와 '좇아'

'쫓다'는 '어떤 대상을 잡거나 만나기 위해 뒤를 급히 따르다' '어떤 자리에서 떠나도록 몰다' 같은 뜻이다. 반면 '좇다'는 '목표·이상·행복 따위를 추구하다' '남의 말이나 뜻을 따르다'라는 뜻이다. "'닭 쫓던 개 지붕 쳐다본다'는 속담이 있다" "옛날엔 자기 뜻보다 부모 의견을 좇아 결혼한 사람이 많았다"가 올바른 표현이다.

13 | '깨끗이'와 '깨끗히'

'이'나 '히'로 끝나는 말을 정확하게 사용하기 위해서는 형용사 뒤에 '-하다'를 붙여서 자연스럽게 이루어지면 '-히'라고 쓰는 경우가 일반적이다. 하지만 '깨끗이'처럼 '-하다'를 붙일 수 있으면서 '-이'로 써야 하는 경우가 있다. '깨끗이/빠듯이/따뜻이/느긋이/반듯이' 등과 같이 '하다'가 붙는 낱말의 끝소리가 'ㅅ(시옷)'인 경우에는 '-이'로 써야 한다.

14 | '계발'과 '개발'

영단어 'development'에 해당하는 '계발'과 '개발'은 상태를 개선한다는 공통적인 뜻이 있다. 하지만 '계발'은 '슬기나 재능·사상 등을 일깨워 줌, 잠재해 있는 속성을 더 나아지게 함' 같은 뜻으로 쓰인다. 반면 '개발'은 '새로운 물건이나 생각 등을 만듦, 토지나 천연

자원 등을 개척해 유용하게 함, 지식과 재능 등을 발달하게 함, 산업과 경제 등을 발전하게 함' 같은 뜻이 있다.

15 | '할게'와 '할걸'

'-께'는 '-게'로, '-껄'은 '-걸'로 써야 한다. '-게'는 "내가 먼저 연락할게"처럼 어떤 행동에 대한 약속이나 의지를 나타내는 말이다. '-ㄹ걸'은 혼잣말에 쓰여 하지 않은 어떤 일에 대하여 가벼운 뉘우침 또는 아쉬움을 나타내는 말이다. 또한 "어제 진수가 한 말은 아마 사실이 아닐걸"처럼 말하는 사람의 추측이 상대방이 알고 있는 바와 다른 것을 나타낼 때 쓰기도 한다.

16 | '데면데면'과 '대면'

'서로 얼굴을 마주 보고 대한다'는 뜻의 대면(對面)과 헷갈려서인지 '데면데면'을 잘못 쓰는 사람이 많다. '데면데면'은 첫째, "그는 누구를 만나도 데면데면 대해서 인기가 없는 편이다"같이 사람을 대하는 태도가 친밀감 없이 예사로운 모양을 뜻한다. 둘째, "김 대리는 일 처리를 데면데면해서 실수가 많다"같이 성질이 꼼꼼하지 않아 행동이 조심스럽지 않은 모양을 뜻한다.

17 | '지양'과 '지향'

지양(止揚)은 '더 높은 단계로 오르기 위하여 어떠한 것을 하지 아니함'이라는 뜻이다. '피함' 또는 '하지 않음'으로 순화해 쓸 수 있다. 지향(志向)은 '어떤 목표로 뜻이 쏠리어 향함. 또는 그 방향이나 그쪽으로 쏠리는 의지'라는 뜻이다. 비슷한 말로는 '추구하다, 목표하다'가 있다.

18 | '늘리다'와 '늘이다'

'늘리다'는 '물체의 넓이, 부피 따위를 본디보다 커지게 하다'라는 뜻이다. '주차장의 규모를 늘리다'처럼 사용한다. '늘다'의 사동사로도 쓰인다. 사동사는 남에게 그 행동이나 동작을 하게 함을 나타내는 동사다. '늘이다'는 '당겨서 본디보다 더 길어지게 하다' '선 따위를 연장하여 계속 긋다'라는 뜻이다. 또는 '위에서 아래로 길게 처지게 하다' '넓게 벌여놓다' 같은 뜻도 있다.

19 | '결제'와 '결재'

결제는 '증권 또는 대금을 주고받아 매매 당사자 사이 거래 관계를 끝맺는 일'을 뜻한다. '카드 결제' '결제 자금' '소액 결제'처럼 돈과 관련된 것, 즉 경제 용어는 '결제'로 쓰는 경우가 일반적이다. 결재는 '결정할 권한이 있는 상관이 부하가 제출한 안건을 검토해 허가하거나 승인함'을 뜻한다. 결재와 비슷한 뜻으로 재가(裁可)라는 말도 있다.

20 | '곱빼기'와 '뚝배기'

곱빼기는 음식에서 두 그릇 몫을 한 그릇에 담은 분량을 말한다. 곱빼기에서 '-빼기'는 몇몇 명사 뒤에 붙어 '그런 특성이 있는 사람이나 물건'의 뜻을 더하는 접미사다. 뚝배기는 찌개 따위를 끓이거나 설렁탕 따위를 담을 때 쓰는 그릇을 이르는 말이다. 뚝배기가 [뚝빼기]로 소리 나기 때문에 '뚝빼기'로 잘못 쓰는 경우가 많다.

21 | '되지'와 '돼요'

으뜸꼴인 '되다'의 어간인 '되'는 단독으로 쓸 수 없고, 뒤에 어미를 연결하여 '되고, 되니, 되나, 되어, 되지'처럼 활용한다. '되'와 자주 헷갈리는 '돼'는 '되어'의 준말이라는 것을 떠올리면 쉽다. '되'나 '돼'가 들어갈 자리에 '되어'를 넣고 말이 자연스러우면 '돼'를, 말이 되지 않으면 '되'를 쓰는 것이다.

22 | '봉오리'와 '봉우리'

'봉오리'는 '망울만 맺히고 아직 피지 아니한 꽃'을 뜻한다. '꽃봉오리'는 '봉오리'와 같은 뜻인데, 비유적으로 쓰일 때는 '희망에 가득 차고 장래가 기대되는 젊은 세대'라는 의미도 있다. '봉우리'는 '산에서 뾰족하게 높이 솟은 부분'을 뜻한다. '산봉우리'도 같은 뜻이다. 또한 '높은 수준이나 단계, 또는 그런 경지에 오른 사람'을 비유적으로 이르는 말로도 쓰인다.

23 | '아귀'와 '아구'

아귀는 몸길이가 60㎝ 정도로, 몸과 머리가 납작한 물고기다. 어원은 뱃사람들이 부르던 '아귀'의 옛말인 '물텀벙'은 워낙에 못생겨서 잡히면 물에 바로 버렸는데, 그때 '텀벙' 소리가 났다는 데서 유래했다. 표준어가 아닌 '아구'가 더 널리 쓰이는 것은 이중모음인 'ㅟ'보다는 단모음인 'ㅜ'가 발음하기 더 쉽기 때문이다.

24 | '스러지다'와 '쓰러지다'

'쓰러지다'는 '힘이 빠지거나 외부의 힘에 의해 서 있던 상태에서 바닥에 눕는 상태가 되다'라는 뜻이다. 또한 '사람이 병이나 과로 따위로 정상 생활을 하지 못하고 몸져눕는 상태가 되다'라는 뜻도 있다. '스러지다'는 '형체나 현상 따위가 차차 희미해지면서 없어지다'라는 뜻이다. 비슷한 말로는 '슬다, 사라지다'가 있다.

25 | '넘어'와 '너머'

'넘어'는 '넘다'에서 온 것으로, '높은 부분의 위를 지나가다' 또는 '일정한 시간·시기·범위 등에서 벗어나다'라는 뜻이다. "욕조 물이 넘어 수도꼭지를 잠갔다" "누나가 밤 11시 넘어 집에 들어왔다" 등으로 쓸 수 있다. 반면 '너머'는 경계를 가로막은 사물의 저쪽 공간을 가리킬 때 쓴다. "노랫소리가 담장 너머까지 들려왔다"같이 쓸 수 있다.

26 | '도젼개젼'과 '도긴개긴'

'도젼개젼'은 많은 사람이 잘못 사용하는 말이다. '도진개진'이나 '도진개긴'으로 잘못 쓰기도 한다. 그러나 '도쩐개쩐'은 방언으로 표준어는 '도긴개긴'이다. 윷판에서 말이 한 칸을 이동하면 '도', 두 칸을 이동하면 '개'라고 하고, 윷놀이에서 자기 말로 남의 말을 쫓아 잡을 수 있는 거리를 '긴'이라고 한다. 따라서 '도긴개긴'은 '앞서거니 뒤서거니 하는 모양새가 별 차이가 없다'는 뜻이다.

27 | '빌려'와 '빌어'

'빌어'는 으뜸꼴이 '빌다'이다. '바라는 바를 이루게 해달라고 신이나 사람, 사물 따위에 간청하다' '잘못을 용서해 달라고 호소하다'라는 뜻이다. '남의 물건을 공짜로 달라고 호소하여 얻다'는 뜻도 있다. 한편 '빌려'는 으뜸꼴이 '빌리다'이다. '남의 물건이나 돈 따위를 돌려주거나 대가를 갚기로 하고 얼마 동안 쓰다' '남의 도움을 받거나 사람이나 물건 따위를 믿고 기대다' 등의 뜻이 있다.

28 | '경신'과 '갱신'

경신과 갱신은 한자 표기가 모두 '更新'이다. 여기서 '更'은 '고친다'는 뜻으로 쓸 때는 '경'으로, '다시'라는 뜻으로 쓸 때는 '갱'으로 읽는 한자다. 먼저 올림픽 등 기록경기에서 종전 기록을 깨뜨리거나 어떤 분야의 최고·최저치를 넘어선다는 뜻으로 쓸 때에는 반드시 '경신'으로 쓰고 읽어야 한다. 반면 '법률관계의 존속 기간이 끝났을 때 그 기간을 연장하는 일'이란 뜻으로 쓸 때에는 '갱신'이라고 쓰고 읽어야 한다.

29 | '유월'과 '시월'

숫자 6은 [육]으로 발음하는 것이 맞지만 월(月)이 붙을 때는 '육월'이 아닌 '유월'로 쓰고 발음도 [유궐]이 아닌 [유월]로 해야 한다. 또한 숫자 10도 월(月)과 연결될 때는 '시월'이라 쓰고 [시월]로 발음해야 한다. 특정 소리를 더하거나 빼는 방식으로 말하기 쉽고 듣기 부드러운 소리를 만들기 위해(활음조 현상) 이렇게 표기하고 발음하는 것이다. 5~6월을 이르는 말도 [오유월]이나 [오륙월]이 아닌 [오뉴월]로 발음하고 표기해야 옳다.

30 | '털다'와 '떨다'

'떨다'와 '털다' 모두 '달려 있거나 붙어 있는 것을 떼어 내다'라는 뜻이 있지만 구별되는 뜻도 있다. '털다'는 '달려있는 것, 붙어있는 것 따위가 떨어지게 흔들거나 치거나 하다'는 뜻이고 '떨다'는 '달려있거나 붙어있는 것을 쳐서 떼어 내다'라는 뜻이 있다. '털다'는 "먼지 묻은 옷을 털다"처럼 쓰고, '떨다'는 "옷의 먼지를 떨어 내다"처럼 쓸 수 있다.

31 | '설렘'과 '설레임'

'설레다'는 '마음이 가라앉지 않고 들떠서 두근거리다'라는 뜻이다. 말하는 사람의 감정을 표현하는 말이므로 피동 접사 '이'를 쓸 필요가 없다. 피동 접사는 문장에 나오는 주어가 남의 힘으로 움직일 때 쓴다. 따라서 명사형도 '설레임'이 아니라 '설렘'이다. 비슷하게 자주 틀리는 말로는 '(날씨가) 개다' '(빗속을) 헤매이다' '(땀이) 배이다' '(목이) 메이다' '(불에) 데이다' 등이 있다. 각각 '설레다' '개다' '헤매다' '배다' '메다' '데다'로 써야 맞다.

32 | '오랜만'과 '오랫동안'

'오랜만'은 '어떤 일이 있은 때로부터 긴 시간이 지난 뒤'라는 뜻의 '오래간만'의 준말이다. 따라서 본말인 '오래간만'이나 준말인 '오랜만' 모두 쓸 수 있다. '오랫동안'은 '시간상으로 썩 긴 동안'이라는 뜻이다. 부사 '오래'와 명사 '동안'이 만난 합성어인데, 사이시옷(ㅅ)이 들어가 '오랫동안'이 된 것이다. "할머니가 시골에 가시면 오랫동안 못 뵐 것 같아 아쉬워요"같이 쓸 수 있다.

하루 10분,
글쓰기가 쉬워지는 신문 필사

1판 1쇄 2025년 9월 1일
1판 2쇄 2025년 11월 1일
기획 조선일보 CS본부 마케팅기획팀
펴낸이 여원주, 김승우, 김용완
펴낸곳 조선일보
등록번호 제1970-000001호
등록일자 1970년 4월 10일
주소 서울시 중구 세종대로 21길 30
전화 02-724-5767
홈페이지 https://members.chosun.com
ISBN 979-11-90640-24-4 03800

• 책값은 뒤표지에 있습니다.
• 이 책 내용의 일부 또는 전부를 재사용하려면 반드시 조선일보의 동의를 얻어야 합니다.
• 잘못 만들어진 책은 구입하신 서점에서 교환해 드립니다.